Vorwort

Liebe Leserinnen, liebe Leser!

Die Konzeption einer Einrichtung lässt sich mit einer Visitenkarte vergleichen. Wie eine solche über Person und Funktion eines Menschen Auskunft gibt, informiert die Konzeption über das Wesen einer Einrichtung: Das sind wir, so arbeiten wir, so sehen wir unsere Arbeit. Bei diesem Vergleich wird aber auch deutlich: Eine Visitenkarte, die nicht mehr aktuell ist, ist nutzlos, denn die Informationen darauf sind veraltet oder falsch. Sie sagt nichts über den Ist-Zustand aus, sondern beschreibt Vergangenes. Daher ist wie bei einer Visitenkarte auch die Aktualität der Kita-Konzeption von hoher Bedeutung. Ihre Leser*innen möchten erfahren, was ist – nicht was war. Grundsätzlich gilt: Eine Konzeption ist sozusagen der „Fahrplan" für das Team. Und nachdem es gemeinsam die Konzeption erarbeitet hat, ist es eine gute Bestätigung zu wissen, dass die Konzeptionsschrift aktuell ist und regelmäßig überarbeitet wird. Zudem ist bedenkenswert: Wenn die Kita als Ausbildungsstätte arbeitet, werden Praktikant*innen regelmäßig nach der Konzeption fragen, da diese häufig Grundlage für die von Schulen geforderten Berichte ist. Auch das für die Kita örtlich zuständige Jugendamt kann jederzeit um die aktuelle Konzeption der Kita bitten. Gute Gründe gibt es also genug dafür, die Schrift aktuell zu halten.

Allerdings sieht es in der Praxis häufig anders aus: Ist eine Konzeption erstmals erstellt, sind alle Beteiligten erleichtert darüber, dies geschafft zu haben. Danach kann es vorkommen, dass Aktualisierungen über Jahre hinweg „vergessen" oder von anderen – auch wichtigen – Themen und Aufgaben verdrängt werden.

Besonders in den letzten 10 bis 15 Jahren hat sich in der Frühpädagogik in schnellen Abfolgen so viel verändert, dass praktisch keine Kita mehr so arbeiten wird wie noch vor einigen Jahren. Und diese Entwicklung hört nicht auf, sondern schreitet in einem schnellen Tempo immer weiter voran. Spätestens also nach Veränderungen sollte die Konzeption auf ihre Aktualität hin überprüft werden.

Mit diesem Sonderheft möchte ich Ihnen den Einstieg und die Umsetzung der Konzeptionsweiterentwicklung erleichtern. Auch wenn Sie keine Unterstützung von außen, z. B. durch Fachberatung oder Fortbildungsreferent*innen, für diesen Prozess erhalten können, möchte ich Sie darin unterstützen, die Prüfung und Überarbeitung der Kita-Konzeption mit Ihrem Team gemeinsam anzugehen. Sie finden viele praktische Hinweise und Tipps, wie Sie diesen Prozess einleiten und durchführen können, und Anregungen zu aktuellen Themen, die in keiner Konzeption fehlen sollten.

Sonja Alberti

Sonja Alberti

ist Dipl.-Sozialpädagogin und seit über 20 Jahren im Bereich Kindertageseinrichtungen wissenschaftlich und in der Praxis tätig. Sie ist Fortbildnerin und Coach in der Frühpädagogik und betreibt die Online-Lernplattform www.kita-campus.de

Die in diesem Heft enthaltenen sowie zusätzliche wertvolle Arbeitshilfen (Checklisten, Reflexionsfragen, zusätzliche Informationen) stehen in Form von praktischen Vorlagen auf **kindergarten-heute.de** unter „Sonderhefte" → „Arbeitshilfen kompakt" als Download zum Verkauf.

Inhalt

I. Die Konzeption und ihre Weiterentwicklung

1. Basiswissen

Der Begriff der Konzeption in der Kindertageseinrichtung beschreibt die schriftliche Darstellung aller wesentlichen Haltungen, Abläufe und Grundsätze, die für die Bildung, Erziehung und Betreuung der Kinder und für eine gute Zusammenarbeit mit den Eltern und Familien der Kinder von Bedeutung sind. In einem länger andauernden Prozess wird diese erarbeitet und muss immer wieder neu betrachtet und bei Bedarf angepasst werden.

Dabei gilt: Nach der Konzeptionsentwicklung ist vor der Konzeptionsüberarbeitung.

Diese Tatsache ist vielen pädagogischen Fachkräften bekannt. Die Arbeit, die sich dahinter verbirgt, erscheint vielen allerdings mühselig. Nachdem Teams oft über Monate hinweg an ihren Konzeptionen gearbeitet, viele Themen diskutiert und neu bedacht, sich in Formulierungen geübt und vielleicht auch kontrovers bestimmte Themen verhandelt haben, sollen sie sich bereits nach der Fertigstellung Gedanken zur Überarbeitung machen?

Definition Konzeption

Der Begriff der Konzeption allgemein wird laut Duden übersetzt mit „(bildungssprachlich) einer Lehre, einem Programm, (künstlerischen) Werk zugrunde liegende Anschauung, Leitidee; geistiger Entwurf". Bibliographisches Institut (o. J.): Artikel „Konzeption". www.duden.de/rechtschreibung/Konzeption.
Im Gegensatz zu einem Konzept ist hier nicht eine erste Fassung oder ein stichwortartiger Entwurf eines Textes gemeint.
In der Frühpädagogik kann diese Definition gelten: verschriftlichte Handreichung der Kindertageseinrichtung, aus der ihre zugrunde liegende Haltung zur Pädagogik erkennbar werden sollte.

Ja, denn tatsächlich ist es hilfreich, sich gleich mit der Fertigstellung und Veröffentlichung der Konzeption auch über den Zeitraum und den Rahmen der Überprüfung und Aktualisierung Gedanken zu machen und sich auf ein Vorgehen zu einigen. Dann gerät eine kontinuierliche Weiterentwicklung nicht in Vergessenheit und der Arbeit, die nun hinter dem Team liegt, wird noch mehr Wertschätzung entgegengebracht.

Regelmäßige Überprüfung der Konzeption

Meine Empfehlung für einen Überprüfungsmodus liegt bei zwei Jahren. Ein fester Termin für die Befassung des Teams mit der Konzeption kann bereits nach Fertigstellung der ersten Konzeptionsfassung in einem elektronischen Kalender eingegeben werden. Für eine Aktualitätsüberprüfung sollte dann ein Zeitrahmen von maximal 30 Minuten in einer Teamsitzung ausreichen. Es geht in dieser Besprechung zunächst nur darum, dass alle Teammitglieder die Konzeption bis zum festgelegten Termin noch einmal gelesen haben und ihre Anmerkungen/Meinungen zur Aktualität oder zum Bedarf an Veränderung mitbringen.

Schon nach Fertigstellung der Konzeption die Weiterentwicklung planen

Falls das Team gemeinsam entscheidet, dass die Konzeption noch aktuell und aussagekräftig ist, kann das Thema in dieser Sitzung recht schnell bearbeitet sein. Dann würde lediglich der nächste Termin zur Überprüfung festgelegt. Ist es seit der letzten Konzeptionsweiterentwicklung zu Veränderungen gekommen oder der Wunsch nach Anpassung der Inhalte taucht im Team auf, ist es notwendig, zeitnah einen Überarbeitungs- und Weiterentwicklungsprozess zu initiieren.

Anlässe hierfür können beispielsweise sein:

- Die Betriebserlaubnis ändert sich, da Kinder anderer Altersgruppen aufgenommen oder mehr Ganztagsplätze eingerichtet werden sollen.
- Themen wie Partizipation, Inklusion oder Kinderschutz sind im Team durch Fort- und Weiterbildungen erarbeitet worden.
- Das Team hat sich durch neue Kolleg*innen und solche, die in den Ruhestand gehen, verändert und dadurch auch bestimmte Haltungen, Kenntnisse und Herangehensweisen.
- Die Kita wurde erweitert durch einen Anbau und es ist dadurch eine große Veränderung eingetreten.

Adressat*innen der Kita-Konzeption

Der durchaus anstrengende und anspruchsvolle Prozess der Erarbeitung und Überarbeitung einer Kita-Konzeption lohnt sich für alle Beteiligten. Für das Team, die Kinder, die Eltern, den Träger und für alle anderen Menschen und Institutionen, die mit der Kita zu tun haben, sollte die aktuelle Konzeption eine wichtige Grundlage für die Zusammenarbeit sein. Die wichtigsten Adressat*innen einer Kita-Konzeption sind die pädagogischen Fachkräfte selbst.

Es geht in der Erarbeitung und Überarbeitung einer Kita-Konzeption grundsätzlich um das Selbstverständnis und auch um die Selbstdarstellung der Einrichtung. Wenn neue Kolleginnen oder Kollegen ins Team kommen, dann ist die Konzeption am besten bereits im Bewerbungsverfahren eine wichtige Grundlage für das gegenseitige Kennenlernen.

Eine weitere große Zielgruppe sind immer auch die Eltern, die ihre Kinder in die Kita bringen. Diese können sich durch das Werk über die wesentlichen Haltungen und Ziele der pädagogischen Arbeit, aber auch über Abläufe und Organisation der Kita informieren.
Die Aufsichtsbehörden von Kindertageseinrichtungen wie z. B. Jugendämter erwarten in aller Regel eine Kita-Konzeption, die mit Beantragung der Betriebserlaubnis abgegeben werden muss. (Über die rechtliche Grundlage dazu informieren wir Sie im folgenden Kapitel.) Weitere Adressat*innen können der Träger, andere Kindertageseinrichtungen, weitere Kooperationspartner*innen und Interessent*innen sein.

Fachinhalte verständlich formulieren

Während der Erarbeitung der einzelnen Texte ist bei Formulierungen darauf zu achten, aus den allgemeinen fachlichen Standards, die mittlerweile für die frühpädagogische Arbeit formuliert sind, die individuelle Umsetzung in der jeweiligen Kita zu beschreiben. Also heißt das Motto: Aus der Theorie abgeleitet soll deutlich werden, was diese Theorien für die Arbeit in der Kita bedeuten und wie genau sie umgesetzt werden.

Falls während der Überarbeitungszeit mehrere Kapitel oder Themen aktualisiert werden müssen, sollte man am besten mit den einfacheren Themen beginnen. Machen Sie zunächst einmal gute Erfahrungen mit dem Formulieren und auch dem Vorankommen, bevor Sie sich an schwierigere oder umfänglichere Themen begeben.

2. Rechtliche Grundlagen

Es gibt wichtige gesetzliche Grundlagen, die das Vorhandensein einer aktuellen Einrichtungskonzeption zwingend erforderlich machen. Diese Vorgaben sind einerseits im achten Buch des Sozialgesetzbuchs (SGB VIII) für alle in Deutschland betriebenen Einrichtungen der Kinder- und Jugendhilfe vorgesehen. Zusätzlich wird in den einzelnen Bundesländern und den dort geltenden Landesgesetzen zum Betrieb einer Kindertageseinrichtung eine aktuelle Konzeption gefordert.

SGB VIII regelt Kita-Betriebserlaubnis

Im Sozialgesetzbuch sind für den Betrieb einer Kinder- und Jugendhilfeeinrichtung – und dazu gehört auch die Kindertageseinrichtung – bestimmte Voraussetzungen benannt, die der Träger der Einrichtung zum Erhalt der Betriebserlaubnis nachweisen muss.

Hinsichtlich der Erlaubnis für den Betrieb einer Einrichtung heißt es im SGB VIII explizit: „Zur Prüfung der Voraussetzungen hat der Träger der Einrichtung mit dem Antrag (...) die Konzeption der Einrichtung vorzulegen, die auch Auskunft über Maßnahmen zur Qualitätsentwicklung und -sicherung gibt (...)" (SGB VIII §45 Abs. 3).

Mit der auf Grundlage der Kita-Konzeption erteilten Betriebserlaubnis soll von übergeordneten Behörden sichergestellt werden, dass das Wohl der Kinder, die sich über viele Stunden am Tag dort aufhalten, gewährleistet ist.

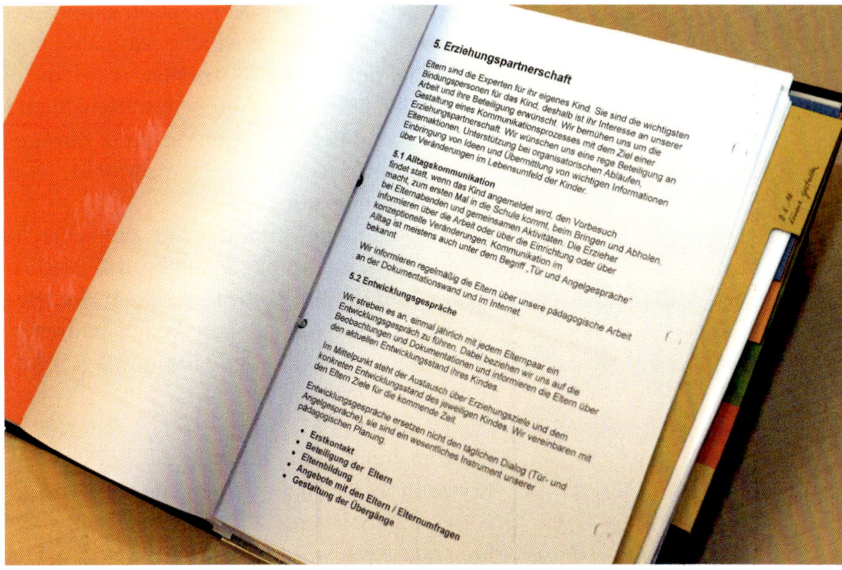

Team, Eltern, Öffentlichkeit: Adressat*innen Ihrer Konzeption

Das Wohl der Kinder kann nach diesem Gesetz als gesichert vorausgesetzt werden, wenn bestimmte Voraussetzungen erfüllt sind.
Hier fordert das SGB VIII,

- dass die räumlichen, fachlichen, personellen und betriebswirtschaftlichen Bedingungen, wie sie der Zweck einer Kita und die Konzeption der Kita nötig machen, erfüllt werden müssen. Der Gesetzgeber setzt also

voraus, dass in der Konzeption einer Einrichtung bestimmte fachliche Standards und das Ziel des Betriebs formuliert werden.
- dass die Einrichtung eine gesellschaftliche und sprachliche Integration und ein gesundheitsförderliches Lebensumfeld von Kindern unterstützt.
- dass geeignete Verfahren zur altersgerechten Beteiligung von Kindern und Methoden, um ihnen die Möglichkeit der Beschwerde in persönlichen Angelegenheiten zu eröffnen, vorhanden sind und auch Anwendung finden.

Darüber hinaus sollen durch die Vorlage der Konzeption die Maßnahmen, die in der Kita zur Qualitätssicherung und Qualitätsentwicklung betrieben werden, erkennbar sein.

Aus diesen bundesgesetzlichen Grundlagen lässt sich also herauslesen, welche Anforderungen der Gesetzgeber an die Konzeption einer Kindertageseinrichtung stellt. Auch wenn in vielen Kitas nicht sehr häufig die Betriebserlaubnis geändert wird und die konkrete Vorlage der Konzeption in der Praxis nur vereinzelt von den zuständigen Behörden angefragt wird, ist das die gesetzliche Voraussetzung.

Bundeslandspezifische Kita-Gesetze

Nicht nur im SGB VIII, sondern auch in den verschiedenen kitarechtlichen Grundlagen der Bundesländer ist die Notwendigkeit einer schriftlichen Konzeption mehr oder weniger deutlich festgelegt. Als Beispiele sind hier die Regelungen der Bundesländer Nordrhein-Westfalen, Niedersachsen und Brandenburg näher beleuchtet. Dabei ist zu beachten, dass es in den einzelnen Bundesländern bisher noch keine einheitliche Sprachregelung hinsichtlich des Unterschieds zwischen Konzept und Konzeption gibt.

Die Notwendigkeit einer Kita-Konzeption ist gesetzlich geregelt

Nordrhein-Westfalen

Im Gesetz zur frühen Bildung und Förderung von Kindern (Kinderbildungsgesetz – KiBiz) wird unter dem Titel „Fortbildung und Evaluation“ unter anderem geregelt, dass „(...) von den Trägern Qualitätskriterien entwickelt werden (sollen), die Aussagen über die Begleitung, Förderung und Herausforderung frühkindlicher Bildungsprozesse enthalten. Qualitätsentwicklungsmaßnahmen werden von den Trägern der Kindertageseinrichtungen in eigener Verantwortung durchgeführt. Zur Grundlage für die Evaluierung gehören insbesondere (...) eine schriftliche Konzeption der Arbeit der Kindertageseinrichtung, in der Leitlinien für die Arbeit und ein eigenes Profil formuliert sind, (...) ein träger- und einrichtungsspezifisches pädagogisches Konzept und (...) eine Darstellung des Qualitätsentwicklungsprozesses in der Kindertageseinrichtung“ (KiBiz, §11 Abs. 1–3).

Das Land NRW verbindet somit in diesem Gesetz die Themen Qualitätsentwicklung und Weiterentwicklung der pädagogischen Arbeit in einer Kindertageseinrichtung mit der vorhandenen aktuellen schriftlichen Konzeption.

Niedersachsen

In Niedersachsen wird im Gesetz über Tageseinrichtungen für Kinder (KiTaG) Auftrag und pädagogisches Konzept der Tageseinrichtungen geregelt. Hier ist vorgegeben: „Die Tageseinrichtung fördert Kinder auf Grundlage eines pädagogischen Konzepts. (...) Das pädagogische Konzept ist regelmäßig fortzuschreiben“ (KiTaG, §2 Abs. 3).

Zudem wird im KiTaG sogar darauf verwiesen, dass die Erarbeitung einer Konzeption und deren Überarbeitung und Weiterentwicklung mit finanziellen Mitteln unterstützt werden soll.

Brandenburg

Das Land Brandenburg hat in seinem Kindertagesstättengesetz (KitaG) unter dem §3 „Aufgaben und Ziele der Kindertagesstätte“ Richtlinien zur pädagogischen Arbeit festgehalten: „Die Umsetzung der Ziele und Aufgaben wird in einer pädagogischen Konzeption beschrieben, die in jeder Kindertagesstätte zu erarbeiten ist. (...) In dieser Konzeption ist ebenfalls zu beschreiben, wie die Grundsätze elementarer Bildung Berücksichtigung finden und die Qualität der pädagogischen Arbeit überprüft wird“ (KitaG, §3 Abs. 3).

So bringt die gesetzliche Regelung des Landes Brandenburg eine regelmäßige Überprüfung der Qualität der pädagogischen Arbeit mit der Konzeption der Kindertageseinrichtung in Verbindung.

3. Konzeptionsweiterentwicklung ist Qualitätsentwicklung

Die Qualitätssicherung und Qualitätsweiterentwicklung von Kindertageseinrichtungen ist in Bundes- und Landesgesetzen verankert und muss nachgehalten werden. Wie genau diese Arbeit an der Qualität der Einrichtungen aber aussehen soll oder welche Instrumente der Qualitätsentwicklung angewendet werden sollen, wird vom Gesetzgeber (bisher) nicht vorgegeben. Es wurden in den letzten ca. 15 Jahren sehr viele unterschiedliche Qualitätsmanagementsysteme oder Verfahren zur Qualitätssicherung und -weiterentwicklung speziell für den Bereich der Kindertageseinrichtungen auf den Markt gebracht. Darunter finden sich viele sehr geeignete Methoden, mit denen Träger und Kita-Teams ihre pädagogische Qualität vorantreiben und Organisation und Abläufe verbessern können. Hier kann man unterscheiden zwischen Instrumenten, die intern von Team, Eltern, Träger und auch Kindern angewendet werden – also einer Selbstevaluation der bestehenden Qualität. Daneben gibt es Instrumente, die eine externe Überprüfung der vorhandenen Qualität ermöglichen – also eine Fremdevaluation von Menschen, die mit der Kita und dem Träger nicht über diesen Auftrag hinaus verbunden sind. Im letzten Fall ist die Beauftragung der externen Überprüfung mit Kosten für den Träger verbunden und kann zu der Verleihung eines Qualitätssiegels oder einer Zertifizierung führen.

Nebeneinander oder Hand in Hand?

Nicht allen Fachkräften ist immer klar, was der Unterschied zwischen den beiden Aufgaben der Konzeptionsweiterentwicklung und der Qualitätsentwicklung/des Qualitätsmanagements (QM) ist, was sie gemeinsam haben und wie diese Aufgaben miteinander verbunden bearbeitet werden können. Wenn in einer Kita die Konzeption und ein erstelltes Qualitätsmanagementsystem nichts miteinander zu tun hätten und nebeneinanderstünden, wäre das sicherlich nicht förderlich. Es würden wichtige Aspekte der Entwicklung der Qualität der pädagogischen Arbeit zumindest nicht so gut erfüllt werden können, wie es möglich ist.

In einer Kita-Konzeption soll die grundlegende Haltung zur Pädagogik erkennbar werden. Sie sollte also in ihrem Umfang begrenzt sein und nicht konkret auf die Umsetzung der einzeln beschriebenen Abläufe und Standards eingehen. Eine Konzeption wird nicht nur als Teamhandreichung, sondern auch beispielsweise für Eltern oder Öffentlichkeit geschrieben, um ihnen einen Einblick in die wichtigsten Grundlagen der Arbeit in der Kita zu vermitteln. Qualitätsmanagementsysteme hingegen beschreiben einzelne Abläufe und Prozesse in der Kita in ihrem Ablauf genau und sind ausschließlich für den internen Gebrauch gedacht. Mit ihnen soll eine Vereinheitlichung von Abläufen und Prozessen erreicht werden.

Eine kontinuierliche Weiterentwicklung der Konzeption der Kita ist allerdings auch eine Form der Qualitätssicherung und -fortschreibung. Ein Team, das regelmäßig an den in der Konzeption formulierten Standards und Grundlagen arbeitet, diese reflektiert und bei Bedarf nachbessert und so mit diesen Prozessen die pädagogische Qualität in der Kita und die Abläufe immer weiter verbessert, betreibt dadurch eindeutig Qualitätsentwicklung.

Im QM werden Kita-Abläufe beschrieben

Von vielen Trägerverbänden wird mittlerweile ein bestimmtes Qualitätsmanagement-Verfahren vorgegeben und muss von Leitung und Team umgesetzt werden. Falls ein Träger kein Qualitätsmanagement-Verfahren vorgibt, können Leitung und Teams sich die auf dem Markt erhältlichen Methoden und Instrumente anschauen und bei Bedarf eines auswählen. In jedem Fall ist die Konzeption die pädagogische Grundlage für die im QM erarbeiteten Prozesse und Abläufe. In ihr sind Arbeitsbasis, Werte und Haltungen beschrieben, die dann im Idealfall in den Prozessen im pädagogischen Alltag umgesetzt werden. Somit steht fest: Mit einer kontinuierlich weiterentwickelten Konzeption lässt sich auch die Weiterentwicklung der Qualität in der Kita nachweisen.

II. Weiterentwicklung der Konzeption planen und vorbereiten

1. Konzeptionsarbeit ist Leitungsaufgabe

Grundsätzlich arbeitet an der Weiterentwicklung der Konzeption sicherlich das gesamte Kita-Team mit. Dennoch spielt die Kita-Leitung eine zentrale Rolle im Prozess der Konzeptionsarbeit und Konzeptionsweiterentwicklung. Ihre eigene Motivation und Begeisterung für die Aufgabe wird die Bereitschaft des Teams, sich auf den Prozess einzulassen, beeinflussen. Wie bei vielen anderen Themen ist die Leitung also auch bei diesem Thema Vorbild und sollte mit gutem Beispiel vorangehen. Das bedeutet allerdings nicht nur, eine motivierte und motivierende Grundhaltung einzunehmen, sondern auch eine realistische Einschätzung

- der vorhandenen Ressourcen,
- des richtigen Zeitpunkts und
- der aktuellen Leistungsfähigkeit des Teams

zu treffen.

Die Bereitschaft des Teams zur Mitwirkung an der Konzeptionsweiterentwicklung kann schnell verloren gehen, wenn unrealistische Ziele verfolgt werden. Die Kita-Leitung sollte also unbedingt die Steuerung des Prozesses übernehmen und verantwortlich dafür sein. Sie stellt den Motor der Entwicklung dar!

Als Leitung den Überblick behalten

Leitungsaufgabe ist es, im Konzeptionsprozess die Struktur und Organisation der Arbeit in die Hand zu nehmen. Fragen wie

- Wer kann etwas übernehmen?
- Was genau übernimmt diese Person?
- Bis wann wird diese Aufgabe erledigt?

sollten Sie als Leitung beantworten können. Dazu können Sie den Mitarbeiter*innen eine Übersicht anbieten, die – je nach Arbeitstempo – alle zwei bis drei Wochen aktualisiert und neu verteilt wird. Denn: Wenn nach wochenlangem Arbeiten an der Konzeption niemand mehr den Überblick hat, wie viel Arbeit noch zu tun ist oder wie lange der Prozess noch dauern wird, senkt das die Motivation der Teammitglieder.

Den Rahmen der Überarbeitung klären

Wenn Sie Ihren Mitarbeiter*innen ankündigen, dass die Konzeption überarbeitet werden muss, werden diese berechtigterweise fragen, wann diese zusätzliche Arbeit geleistet werden soll. Die Ressourcen, die für den Prozess vom Träger und Ihnen als Leitung bereitgestellt werden können, sollten Sie also vorher geklärt haben. Auch Fragen danach, ob beispielsweise die Fachberatung oder Referent*innen den Weiterentwicklungsprozess der Konzeption begleiten können oder ob Überstunden dafür gemacht werden können, sollten Sie mit dem Träger im Vorfeld besprechen. Damit vermitteln Sie Ihrem Team von Beginn an, dass Sie sich für bessere Rahmenbedingungen einsetzen und die Verantwortung für den Prozess übernehmen.

Notwendige Bausteine für die Konzeption im Blick behalten

Checkliste: Vorbereitung des Überarbeitungsprozesses

- ✔ Dürfen Sie die Kita ein bis zwei Tage schließen, um gut in den Prozess einsteigen zu können?
- ✔ Haben Sie eine Fachberatung, die Sie in dem Prozess begleiten kann? Stimmen Sie dann die Termine mit ihr ab.
- ✔ Dürfen Sie eine externe Referentin oder einen Referenten zu den Konzeptionstagen einladen? Werden die Kosten vom Träger oder Förderverein übernommen?
- ✔ Wann sollen die Mitarbeiter*innen an den neuen/zu überarbeitenden Texten arbeiten? Dazu sollten immer mindestens 90 Minuten zur Verfügung stehen, damit konzentriert ein Ergebnis erstellt werden kann. Könnten Sie diese Zeiten während des Prozesses im Dienstplan ausweisen? Kann dazu die Vorbereitungszeit genutzt werden?
- ✔ Dürfen die Mitarbeiter*innen während des Prozesses Überstunden für die Arbeit an den Texten aufbauen und diese ausbezahlt bekommen?
- ✔ Können reguläre Team-Sitzungen während des Prozesses von Informationen befreit werden (dies gelingt oftmals auch auf dem Schriftweg) und kann mindestens ein Konzeptionstreffen pro Monat stattfinden?

Wichtig für die inhaltliche Bearbeitung neuer oder zu verändernder Themen ist, dass dem Team deutlich wird, welche Rolle und welche Haltung die Kita-Leitung einnimmt. Bringen Sie sich also am besten ehrlich und transparent ein:

- Setzen Sie ruhig bestimmte Eckpfeiler oder Standards und benennen Sie offen, warum sie von diesen nicht abweichen werden.
- Diskutieren Sie nicht alles mit Ihrem Team aus. Damit würden Sie Ihre Steuerungsfunktion aufgeben. Pädagogische Standards, die Ihnen sehr wichtig sind, können besprochen werden, sollten aber auf jeden Fall in die Konzeption aufgenommen werden.
- Machen Sie dem Team im Prozess deutlich, wann Sie als Leitung bestimmte Vorgaben und damit Grenzen setzen und wann Sie eventuell auch als Teammitglied nach einer gemeinsamen Regelung suchen.

Stärken der Mitarbeiter*innen notieren

Exkurs: Kompetenzen im Team erkennen

Um die Kompetenzen, die in jedem Team vorhanden sind, zu erkennen und dann auch für eine gute pädagogische Arbeit – und natürlich auch für die Weiterentwicklung der Konzeption – möglichst effektiv zu nutzen, sollten Sie als Leitung immer im Kontakt mit den Mitarbeiter*innen bleiben und aufmerksam sein. Bei jedem Gespräch, in jeder Teamsitzung, in jeder Unterhaltung des Kollegen oder der Kollegin mit Eltern, die Sie miterleben, sollten Sie wahrnehmen, bei welchen Themen die Person besonders engagiert wirkt:

- Machen Sie sich Notizen, wenn Ihnen bei Kolleg*innen etwas Positives aufgefallen ist – so können Sie dies im nächsten Mitarbeiter*innengespräch nutzen und nachfragen.
- Beobachten Sie genau, auch – oder gerade – wenn Sie selbst nicht eingebunden sind, worauf Kolleg*innen neugierig reagieren. Fragen Sie dann beispielsweise nach: „Mir ist eben aufgefallen, dass du dich bei der Planung des Elternabends vorhin stark eingebracht hast. Hast du Lust die Planungen dieses Themenbereichs in der Konzeptionsüberarbeitung federführend zu übernehmen?"
- Der sogenannte Rote-Wangen-Effekt kann nicht nur bei Kindern, sondern auch bei Erwachsenen beobachtet werden: Wenn Menschen ein Thema interessiert, begeistert oder sie besonders neugierig darauf sind, dann verbirgt sich meist Engagiertheit dahinter. Wenn es Ihnen gelingt, diese zu erkennen und positiv zu nutzen, dann werden sich die Kolleginnen und Kollegen motiviert fühlen, sich weiter einzubringen.

Zeitvorgaben setzen und Stärken berücksichtigen

Es ist auch Leitungsaufgabe, im Vorfeld realistisch einzuschätzen, wie lange der Prozess dauern soll, und dies klar zu kommunizieren. Die meisten Menschen arbeiten deutlich motivierter an einem definierten Ziel und damit auch bis zum Ende des Prozesses. Es kann natürlich immer einmal zu Verzögerungen kommen – diese sollten sich aber nicht wiederholen und die Gründe dafür sollten nachvollziehbar sein. Arbeiten Sie zielgerichtet daran, den Termin der Fertigstellung zu halten. Ihre Mitarbeiter*innen werden sich positiv daran erinnern, wenn Sie danach wieder einmal etwas mit ihnen erarbeiten wollen.

Um die Motivation des Teams zu erhalten, bietet es sich an, die verschiedenen Stärken und Interessen der Einzelnen zu betonen und in die Arbeit einzubinden:

- Gibt es Kolleg*innen im Team, die sehr gerne und gut am PC arbeiten, übertragen Sie diesen doch die Aufgabe, bestimmte Themen zu recherchieren oder anstelle von langen Texten grafische Darstellungen für die Konzeption zu erstellen.
- Jemand, der sehr gerne und viel liest, kann die Aufgabe haben, aktuelle Fachbücher zu einem Thema zu lesen und den anderen vorzustellen.
- Mitarbeiter*innen, die gerne schreiben, können die Aufgabe übernehmen, gemeinsam gesammelte Stichworte in eine Textform zu bringen.
- Jemand, der gerne zeichnet, könnte zu Fragen wie Logo, Layout und Grafiken Ideen entwickeln und den anderen vorstellen.
- Falls Sie eine Kollegin oder einen Kollegen im Team haben, die oder der sich von all diesen Aufgaben überfordert fühlt, könnte diese Person z. B. einen Kuchen für die Sitzungen backen oder die anderen durch nicht typische Tätigkeiten für die Konzeption in der Arbeit dennoch unterstützen.

Vor der Überarbeitung braucht Konzeptionsentwicklung Planung

Mustervorlage: zeitliche und thematische Strukturierung der Konzeptionsweiterentwicklung

Thema/Kapitel, das zu bearbeiten ist	Wer arbeitet aktuell daran?	Wann soll ein Ergebnis vorgestellt und diskutiert werden?	Wurde das Thema/Kapitel freigegeben?
Eingewöhnung/Umgewöhnung	Autorinnenteam Tanja und Silke	Teamsitzung am …	Überarbeitet und in der Teamsitzung am … freigegeben
Das Spiel der Kinder	Autor*innenteam Mark, Jenni und Karin	Teamsitzung am …	Noch nicht freigegeben
Was bedeutet für uns Team-Arbeit?	Autorinnenteam Birgit und Simone	Teamsitzung am …	Freigegeben am …

All diese Möglichkeiten sollten Sie als Leitung im Idealfall bedacht, besprochen und geplant haben, bevor Sie den Mitarbeiter*innen eröffnen, dass die Konzeption überarbeitet werden muss und dieser Prozess nun bald beginnen wird.

2. Der richtige Zeitpunkt für die Überarbeitung

Die Zeit, die eine Überarbeitung der Konzeption beanspruchen wird, muss vorhanden sein. Doch wann ist dazu das beste Zeitfenster? Auch dies ist eine Frage von großer Bedeutung. Dazu ist es ebenfalls sinnvoll, zunächst festzustellen, wie groß der Bedarf an Überarbeitung ist, um dann einschätzen zu können, wie lange dieser Prozess dauern wird. Dabei sollten die bereits feststehenden Termine des aktuellen und eventuell auch nächsten Kita-Jahres berücksichtigt werden:

- Stehen größere Feste oder Jubiläen an?
- Finden in dieser Zeit andere größere Veränderungen statt?
- Sind größere Fortbildungsmaßnahmen geplant?

Aufgaben im Rahmen der Konzeptionsweiterentwicklung werden zum größten Teil von den Mitarbeiter*innen während des laufenden Betriebs zu leisten sein. Der normale Alltagsbetrieb der Kita geht selbstverständlich weiter und will hauptsächlich gestaltet und gelebt werden. Umso wichtiger ist es, dass ein Zeitfenster mit möglichst vielen Freiräumen für die Weiterentwicklung der Konzeption gefunden wird.

Wenn Sie mehr als drei der Punkte aus dem Fragenkatalog von Seite 12 mit Ja beantwortet haben, sollten Sie überdenken, ob jetzt wirklich der richtige Zeitpunkt für die Überarbeitung der Konzeption ist. Die Bejahung einzelner Fragen weist auf andere Belastungen und besondere Aufgaben des Teams in den nächsten Monaten hin und könnte die Motivation des Teams, sich jetzt auch noch auf die Konzeption einzulassen, bremsen.

3. Beteiligung des Teams an der Konzeptionsweiterentwicklung

Wie bei der ersten Erstellung der Konzeption auch, sollte in der Planungsphase der Weiterentwicklung gut bedacht werden, wer sich an dem Prozess beteiligen kann/soll. Der Idealfall ist immer der, dass sich alle Mitarbeiter*innen aus den Bereichen, die in der Konzeption vorgestellt und besprochen werden, auch an der Erarbeitung beteiligen.

Wann sind mögliche Lücken im Kita-Jahreskalender?

Fragenkatalog: Ist die Zeit für eine Konzeptionsweiterentwicklung günstig?

Frage	Ja	Nein
Stehen in den nächsten Monaten größere Feste/Feiern an, die das Team (mit) vorbereiten und umsetzen muss?		
Sind längerfristige Fortbildungen mehrerer Mitarbeiter*innen geplant?		
Ist eine Teamfortbildung geplant, mit deren Inhalten sich das Team in Zukunft weiter auseinandersetzen sollte?		
Stehen bei Mitarbeiter*innen Rehamaßnahmen, Kuraufenthalte oder längere Auszeiten aus anderen Gründen an?		
Fällt derzeit die Vorbereitungszeit der Mitarbeiter*innen wegen Personalausfällen häufig aus?		
Sind die Teamsitzungen mit aktuellen Themen und Absprachen sehr stark gefüllt?		
Fühlen sich die Mitarbeiter*innen derzeit von anderen Themen sehr stark belastet?		
Stehen Umbaumaßnahmen in der Kita an?		
Soll das Angebot der Kita in absehbarer Zeit verändert werden, z.B. Änderung der Gruppenform, der Öffnungszeiten oder des Aufnahmealters?		

Mitarbeiter*innen, die in die Weiterentwicklungsprozesse mit einbezogen sind, identifizieren sich später zumeist deutlich stärker mit dem fertigen „Produkt" als solche, denen die überarbeitete Konzeption nur vorgelegt wird. Außerdem bietet eine Einbindung des pädagogischen Teams und auch anderer Mitarbeitenden die Chance, bestimmte Abläufe oder Darstellungen der Arbeit inhaltlich erneut zu diskutieren. Durch diese Auseinandersetzung können Veränderungen angestoßen werden, die sich dann auf die inhaltliche Arbeit in der Kita auswirken. Es geht also nicht nur um das schriftliche Ergebnis am Ende, sondern auch um eine Weiterentwicklung des Angebots in der Kita.

Abwägen, wer beteiligt wird

Je nachdem, wie groß der Überarbeitungsbedarf der Konzeption ist, muss natürlich nicht immer das gesamte Team in die Arbeit eingebunden werden. Mitarbeiter*innen, die sich hinsichtlich Konzeptionsentwicklung fortgebildet haben, können bei der Weiterentwicklung auf jeden Fall ihr Wissen einbringen. Allerdings können kleinere Aktualisierungen einzelner Gliederungspunkte beispielsweise auch von einer kleinen Redaktionsgruppe erledigt werden. Ich würde davon abraten, dass die Leitung diese Aufgabe allein übernimmt.

Auch stellt sich häufig die Frage, ob Praktikant*innen oder Auszubildende direkt eingebunden und beteiligt werden sollten. Die Beantwortung hängt sicher auch davon ab, wie lange diese Menschen bereits oder noch in der Kita mitarbeiten. Für Drei-Wochen-Praktikant*innen, die sich über den Beruf generell informieren möchten, macht es sicher wenig Sinn, sich an der Konzeptionsarbeit zu beteiligen. Wenn Auszubildende aber länger in der Kita bleiben und der Berufswunsch für sie bereits feststeht, sollten sie die Möglichkeit haben, auch diesen wichtigen Aspekt der Kita-Arbeit kennenzulernen und sich hier einzubringen. Auch Mitarbeiter*innen aus nicht-pädagogischen Bereichen wie Haustechnik und Hauswirtschaft oder externe Fachkräfte können ggf. an der Weiterentwicklung der Konzeption beteiligt werden. Es ist also wichtig, in der Planungsphase herauszufinden, wie groß der Bedarf an Überarbeitung ist, und themenbezogen zu entscheiden, wer sich an diesem Prozess beteiligen sollte.

Beispiel aus der Praxis:
Eine Kita mit einer eigenen Köchin, die das Mittagessen für die Kinder jeden Tag frisch zubereitet, und in der die gesunde Ernährung insgesamt eine große Rolle spielt, möchte das Thema Ernährung deutlicher in die überarbeitete Konzeption aufnehmen. In diesem Fall ist es sinnvoll, die Köchin in die Erarbeitung und Formulierung für die Konzeption mit einzubinden.

Mitwirkungsmöglichkeit:
Inwieweit die Köchin die Zeit für die Erarbeitung mit ihrer eigentlichen Arbeit in Einklang bringen kann, wird individuell sehr unterschiedlich sein. Die Motivation, sich an der Beschreibung der Bedeutung von frischer Kost und gesunder Ernährung für die Kinder zu beteiligen, wird aber in den meisten Fällen sehr hoch sein.

Beispiel aus der Praxis:
In einer Kita werden seit einiger Zeit drei Kinder von einer Logopädin therapiert, die zweimal in der Woche in die Kita kommt, um die Kinder zu behandeln.

Mitwirkungsmöglichkeit:
Falls das Team dieses besondere Angebot der Kita in der Konzeption darstellen möchte, sollte die Logopädin an der Formulierung beteiligt werden.

4. Einbindung der Eltern in den Weiterentwicklungsprozess

Eltern erfahren manchmal nur von Ihrer Konzeptionsarbeit, wenn dafür Schließtage nötig sind und die Familien für ihr Kind eine anderweitige Betreuung organisieren müssen. Danach bekommen sie nicht immer Informationen dazu, was an diesen Tagen geschehen ist, erarbeitet wurde und welche Auswirkungen das für die Arbeit in der Kita haben kann. Hier

Als Leitung entscheiden: Wer soll/muss beteiligt werden?

kann ein Mehr an Transparenz und Aufklärung zu einem Mehr an Verständnis und Unterstützung führen. Der minimalste Anspruch an die Einbindung der Eltern sollte der sein, dass im Elternausschuss oder -beirat die neu überarbeitete Version der Konzeption vorgestellt und besprochen wird. Wenn dies allerdings erst am Ende des Prozesses geschieht, haben die Eltern in der Regel nicht wirklich noch Einfluss und können keine Veränderungswünsche mehr einbringen.

Elternmitwirkung bei der Konzeptionsweiterentwicklung

Eine intensivere Form der Einbindung kann z. B. sein, dass Eltern sich an der Konzeptionsarbeit konkret beteiligen. Das muss dann allerdings auch bereits in die Planungen mit aufgenommen und frühzeitig entschieden und besprochen werden. Hier einige Beispiele, wie sich die Eltern konkreter einbringen könnten:

1. Elternperspektive formulieren lassen

Das Kapitel über die Bildungs- und Erziehungspartnerschaft mit Eltern und Familien in der Kita könnte von den Eltern aus deren Perspektive oder mit O-Tönen von Müttern und Vätern ergänzt werden. Vielleicht haben Sie im Elternausschuss oder -beirat einige Menschen, die gerne und gut formulieren können und aus ihrer Sicht die Zusammenarbeit mit der Kita darstellen möchten. Für die Leser*innen der Konzeption ergibt sich dadurch ein umfassenderes Bild der Arbeit in der Kita.

2. Unterstützung bei redaktionellen Aufgaben

Vielleicht haben Sie in der Elternschaft Menschen, die einen Beruf ausüben, in dem sie oft Texte schreiben oder korrigieren müssen oder sich mit Druck und Layout von Texten befassen. Diese Eltern könnten Sie um Mithilfe bitten und die fast fertige Schrift Korrektur lesen lassen oder um Tipps und Ideen für Layout und Druck bitten.

Onlinetipp

Gute Beispiele für Trägertexte in der Konzeption:

- Vorwort des Trägers Kindertagesstättenwerk Pinneberg zur Konzeption der Evangelischen Kindertagesstätte „Lukas" in Rellingen:
  https://ahornweg.eva-kita.de (Rubrik Pädagogik – Konzeption)
- Einleitende Gedanken des ehemaligen Vorstands der Kita Spatzennest Bonn e. V.:
  www.kita-spatzennest-bonn.de (Rubrik Downloads)

3. Ergänzungen zu Bildungsbereichen

Falls Sie Eltern haben, die in einer Grundschule als Lehrerin oder Lehrer arbeiten oder gerade ein zukünftiges Schulkind in Ihrer Kita haben, könnten Sie diese bitten, zum Thema „Übergang von der Kita in die Schule" aus Elternsicht etwas zu verfassen. Oder vielleicht haben Sie eine Logopädin als Mutter oder eine Fachfrau für gesunde Ernährung oder einen Physiotherapeuten als Vater oder eine Mutter, die Zahnärztin ist. Alle diese Menschen könnten einen kleinen Beitrag zur Konzeption schreiben. Dadurch können Eltern in den Prozess der Weiterentwicklung der Konzeption eingebunden werden.

Je besser es Ihnen gelingt, Eltern am Prozess zu beteiligen, umso größer ist die Chance, dass Eltern die große Bedeutung der Konzeptionsarbeit nachvollziehen können und mit Einschränkungen in der Überarbeitungs- und Weiterentwicklungsphase, z. B. weniger Aushänge oder mehr Schließtage, einverstanden sind.

5. Die Rolle des Trägers bei der Konzeptionsweiterentwicklung

Für eine Weiterentwicklung der Kita-Konzeption ist es wichtig, dass viele organisatorische Fragen am besten bereits im Vorfeld mit dem Träger besprochen und geplant werden. Um bestimmte Ressourcen für den Prozess zur Verfügung stellen zu können, werden Sie den Träger an der ein oder anderen Stelle brauchen.

Darüber hinaus ist es allerdings sinnvoll, dass der Träger eine durchaus größere Rolle im Prozess der Konzeptionsarbeit spielt. In einer fertigen Konzeption sollte nicht nur ein gutes Bild von der pädagogischen Arbeit in der Kita und der Zusammenarbeit mit Familien und im Team enthalten sein, sondern auch die Information, wer Träger der Kita ist und wie dieser Träger im Alltag und in besonderen Situationen sichtbar wird. „Trägt" der Träger das Team und die Leitung, indem er wichtige Leitplanken setzt, und ist dies auch in der Konzeption gut zu erkennen? Falls der Träger über ein Leitbild für seine Arbeit verfügt, sollte dies in der Konzeption deutlich werden und die Kita sollte in ihrer konzeptionellen Ausrichtung – und selbstverständlich auch in der pädagogischen Arbeit – dieses Leitbild aufgreifen.

Dem Träger in der Konzeption Raum geben

Unabhängig davon, ob der Träger konfessionell gebunden, ein kommunaler Träger, ein Elternverein oder eine gGmbH ist: Die Gründe, warum eine Kita betrieben wird, welche Weltanschauung dahintersteht und wie der Träger die tatsächliche Arbeit in der Kita unterstützt und flankiert, sollten transparent und verständlich nachzulesen sein. Falls der Träger sogar einen bestimmten pädagogischen Ansatz zugrunde legt und diesen für die Arbeit in der Kita vorgibt (z. B. ein Elternverein, der eine Waldorf-Kita betreibt), sollte dies in der Konzeption natürlich unbedingt deutlich werden.

Fragen Sie Ihren Träger darum ruhig an, für die Konzeption ein eigenes Kapitel über diese Fragen zu verfassen. Gerade in einem Vorwort des Trägers lässt sich gut darauf eingehen, welche Haltung er vertritt und wie er sich die Ausübung dieser Tätigkeit (zumindest teilweise) vorstellt. Falls Ihr Träger dabei Unterstützung braucht, finden sich im Internet auf verschiedenen Seiten von Kitas, die ihre Konzeption online gestellt haben, Ideen dafür.

Ein weiterer Aspekt der Trägerbeteiligung: In einem Vor- oder auch Nachwort für die Kita-Konzeption hat der Träger die ideale Möglichkeit, sich bei seinen Mitarbeiter*innen für die während des Prozesses zusätzlich geleistete Arbeit zu bedanken. Das vermittelt dem Team, aber auch den weiteren Leser*innen der Konzeption, Wertschätzung und Anerkennung des Engagements aller Beteiligten.

III. Die Konzeptionsweiterentwicklung durchführen

1. Bestehende Inhalte prüfen und bewerten

Um bei einer bestehenden, älteren Konzeption gut einschätzen zu können, welche Bereiche überdacht und neu bearbeitet werden sollten, sollten Sie sowohl die Struktur der Konzeption als auch deren Inhalte genauer unter die Lupe nehmen. Die folgenden Fragen helfen Ihnen dabei, hier alles im Blick zu behalten. Die Fragen sollen eine Einschätzung der bestehenden Konzeption vereinfachen und müssen nicht alle positiv beantwortet werden. Die Individualität, die jede Kita ausmacht, sollte natürlich auch in der Konzeption erkennbar bleiben. Daher sind Tipps zur Überprüfung oder eine beispielhafte Gliederung immer nur als Anregung zu verstehen.

Die Überprüfung der bisherigen Kita-Konzeption kann anhand verschiedener Kriterien im Rahmen einer Teamsitzung stattfinden. Interessant könnte es aber auch sein, Fragen zu Struktur und Inhalt der Konzeption schon etwa zwei Wochen vor der Teamsitzung auszu-

Tauschen Sie sich aus: Wer sind wichtige Kooperationspartner*innen?

händigen und das Team zu bitten, die Fragen bis zum Sitzungstermin für sich zu beantworten. In der Teambesprechung selbst kann dann ein gemeinsamer Austausch über die unterschiedlichen Ergebnisse ein guter Einstieg in die Überarbeitung der Konzeption sein.

Strukturelle Fragen klären

1. Ist die Gliederung gut durchdacht und sind die Kapitel in sinnvoller Reihenfolge?

Die Gliederung bzw. das Inhaltsverzeichnis ist häufig der erste Teil einer Konzeption, der aufgeblättert und gelesen wird. Im Idealfall ist hier der Aufbau der Konzeption auf einen Blick zu erkennen und Themen, die besonders interessieren, lassen sich schnell finden.

Grundsätzlich ist es dann wichtig, sofort zu erfahren, um welche Kita es geht, wie groß sie ist, wie viele Kinder in welchem Alter dort von wie vielen Fachkräften begleitet werden. Wer ist der Träger der Kita und wie sieht der Sozialraum um die Kita herum aus? Es macht also durchaus Sinn, die Rahmenbedingungen der Kita gleich zu Beginn der Konzeption zu erläutern. Im Mittelteil der Konzeption sollte sich das „Herzstück" befinden – nämlich die Grundlagen der pädagogischen Arbeit und die Angebote hinsichtlich der Zusammenarbeit mit den Eltern und Familien. Am Ende können dann noch Themen wie die Zusammenarbeit im Team, Vernetzung und Kooperation, Aus- und Weiterbildung aufgegriffen werden. Stellen Sie sich bei der Überarbeitung der Gliederung immer wieder die Frage, was Sie selbst beim Lesen der Konzeption einer Ihnen fremden Kita gerne wissen wollen würden und welche Reihenfolge für Sie dafür sinnvoll wäre.

2. Sind in der Gliederung Seitenzahlen angegeben, um einzelne Kapitel einfach zu finden?

Da nicht alle die Konzeption immer komplett lesen werden, ist es ungemein wichtig, dass man sich in dem Schriftstück gut zurechtfinden kann. Langes Herumsuchen ermüdet und führt eventuell dazu, dass die Konzeption schnell wieder aus der Hand gelegt wird. Falls jemand sich also zunächst einmal nur für die Eingewöhnung in dieser Kita interessiert, muss in der Gliederung die entsprechende Seitenzahl des Kapitels ersichtlich sein. Dies ermöglicht einen komfortablen Umgang mit dem Werk.

3. Ist in der Konzeption nachzuvollziehen, wo sich die Kita befindet und wer Träger und Ansprechpartner*innen sind?

In den Rahmenbedingungen wird sicherlich auf diese Fragen nach Trägerschaft und Ansprechpartner*innen in der Kita eingegangen werden. Für den Fall, dass sich Lesende aber zunächst einmal einen Überblick über die Akteure und Akteurinnen verschaffen möchten, sollte diese Angabe bereits auf der ersten Seite oder im Innenblatt zu finden sein.

4. Hat die Konzeption ein ansprechendes Layout?

Stellen Sie sich vor: Ihnen werden beispielsweise bei einer Fortbildung 15 verschiedene Kita-Konzeptionen vorgelegt. Nach welcher würden Sie spontan greifen, um darin zu blättern? Welche Form und Gestaltung spricht Sie an? Können Sie auch aus der Entfernung gut erkennen, dass es sich um die Konzeption einer Kita handelt? Nehmen Sie diese Überlegungen zum Anlass, das Layout der eigenen Konzeption noch einmal zu überdenken.

5. Wurden ausreichend oder zu viele verschiedene Schriftformen, Unterstreichungen und Hervorhebungen genutzt?

Ein unruhiger Text ist für das Auge anstrengend zu lesen und es besteht die Gefahr, dass er eher nur überflogen oder gar schnell beiseitegelegt wird. Wenn zu viele Hervorhebungen in einem Text vorkommen, macht ihn das unruhig. Gehen Sie in Ihrer Konzeption mit Unterstreichungen, verschiedenen Schriftformen und anderen Markierungen also sparsam um.

6. Sind die einzelnen Seiten in der Konzeption mehrspaltig und im Blocksatz gesetzt?

In der Regel sind Texte in mehreren Spalten und in Blockschrift angenehmer zu lesen. Bei der heutigen Textverarbeitung am PC ist die Umstellung eines Textes auf zwei Spalten und Blocksatz eine einfache Einstellung im Dokument. Bevor die Konzeption letztendlich gedruckt wird, sollten darum verschiedene Schriftbilder ausprobiert und eine gute Entscheidung getroffen werden.

7. Ist schnell herauszufinden, wie alt die Konzeption ist?

Um die Aktualität einer Konzeption einschätzen zu können, sind Informationen zum Datum der Erstellung und auch zum Zeitpunkt der Überarbeitung und Aktualisierung von großer Bedeutung. Veröffentlichungsdaten sollten darum unbedingt gut sichtbar auf der ersten Innenseite zu finden sein. Um eine kontinuierliche Weiterentwicklung der Konzeption (und damit auch der Qualität der pädagogischen Arbeit) zu dokumentieren, könnte diese Angabe so aussehen:

- Erstveröffentlichung im Mai 2014
- Aktualisiert im Oktober 2016
- Aktualisiert im Mai 2019

8. Wurde die Konzeption Korrektur gelesen und auf Flüchtigkeits- und Rechtschreibfehler hin überprüft?

Wird intensiv an einem Text gearbeitet, kommt es vor, dass Fehler darin übersehen werden. Deshalb ist es sinnvoll, eine oder mehrere Personen, die mit der Erstellung des Textes oder der Texte nicht befasst waren, um Korrektur zu bitten. Das Korrekturlesen der Konzeption könnte beispielsweise von den Eltern der Kita-Kinder übernommen werden.

9. Sind die Texte durch Grafiken, Bilder, Zeichnungen aufgelockert?

Reine Textlawinen ermüden das Auge und den Geist. Daher sollte immer wieder überlegt werden, ob ein langer Text nicht etwa durch eine grafische Darstellung ersetzt werden könnte. Viele Themenkomplexe lassen sich gut darstellen, ohne allzu viele Worte dafür zu verwenden:

- Tagesablauf
- Vernetzung mit anderen Einrichtungen und Diensten
- Regelmäßige Angebote für Eltern und Familien
- Raumaufteilung als Grundriss

Auch dass eine enge Bindungsperson für ein Kind in der Eingewöhnungsphase bedeutsam ist, um es zu beruhigen und ihm ein entspanntes Erkunden der Umgebung zu ermöglichen, kann beispielsweise in einem Schaubild deutlich gemacht werden (s. unten).

10. Ist die Konzeption haltbar gebunden und sieht sie professionell aus?

Es gilt, für die fertige Konzeptionsschrift immer einen guten Kompromiss zu finden zwischen professionellem Aussehen und der Möglichkeit, Inhalte auszutauschen. Dazu eignet sich beispielsweise eine Spiralbindung. So lassen sich Textseiten anpassen, ohne die ganze Schrift entsorgen zu müssen. Hier muss auch die Frage beantwortet werden, ob der Träger bereit ist, für den Druck/die Bindung der Konzeption finanzielle Mittel zur Verfügung zu stellen.

Fest steht, dass eine Konzeption, die schon rein äußerlich ansprechend aussieht, mehr dazu einlädt, sich auch mit den Inhalten zu identifizieren. Dies gilt für Mitarbeiter*innen genauso wie für Eltern und andere Menschen, die mit der Konzeption umgehen.

Bedeutung der Bezugsperson für das Kind

Datenschutz beachten!

Falls Sie für die Konzeption Fotos von Kindern abbilden möchten, beachten Sie bitte unbedingt die Regelungen des Datenschutzes. Eine pauschale Einwilligungserklärung von Eltern über das Fotografieren ihrer Kinder für den internen Gebrauch reicht für eine Veröffentlichung in der Konzeption nicht aus! Da die Konzeption veröffentlicht wird und später oftmals auch im Internet zu finden sein wird, müssen die Eltern dieser Nutzung von Fotos ihrer Kinder explizit zustimmen. Es bedarf hierfür einer Einwilligung für den Einzelfall, in der das oder die Fotos, die genutzt werden sollen, abgebildet sind und in der die Eltern dem gesondert zustimmen.

Inhaltliche/pädagogische Aspekte prüfen

1. Wird beim Lesen klar, welche Grundhaltung in dieser Kita herrscht?

In der Kita-Konzeption darf der „rote Faden" nicht fehlen: Welchen Blick haben Sie auf das Kind und welche Haltung steckt dahinter? Dies kann in einem eigenen Kapitel thematisiert werden – es kann aber auch in vielen verschiedenen Kapiteln immer wieder deutlich werden:

- Wird in der Konzeption beispielsweise erläutert, warum es eine Eingewöhnungsphase in der Kita gibt, werden Sie wahrscheinlich darauf Bezug nehmen, dass die Familie des Kindes der erste und wichtigste Bindungsort für Kinder ist. Allein durch eine solche Aussage wird deutlich, welche Bedeutung Sie in der Kita der Familie und den Eltern von Kindern einräumen.
- Wenn Sie über Partizipation und Beteiligung von Kindern in der Konzeption schreiben, wird hier sicherlich klar benannt werden, dass Kinder und deren Meinungen zu bestimmten Entscheidungen zu respektieren sind und ernst genommen werden.

Ist der rote Faden in Ihrer Konzeption erkennbar?

Nach dem Lesen der Konzeption sollte eine Vorstellung davon entstanden sein, wie mit Kindern und Familien in dieser Kita umgegangen wird und welche Überzeugungen dem zugrunde liegen. Da es nicht immer ganz einfach ist, als Verfasser*in einer Konzeption die Frage nach dem „roten Faden" selbst zu beantworten, kann zur Überprüfung eine außenstehende Person mit ins Boot geholt werden. Lassen Sie die überarbeitete Konzeption am Prozess Unbeteiligte, die in gewisser Weise neutral sind, lesen (und zwar nicht mit dem Blick auf die Suche nach Rechtschreibfehlern). Bitten Sie anschließend um eine Einschätzung, ob die Grundhaltung gegenüber Menschen im Allgemeinen und Kindern im Speziellen in der Konzeption erkennbar ist.

2. Wird in der Konzeption deutlich, welche Rolle die pädagogischen Fachkräfte für das Spielen und Lernen der Kinder einnehmen?

Hier geht es um das Selbstverständnis des pädagogischen Handelns. Sehen Sie sich als Fachkraft als Vorantreibende der kindlichen Entwicklung, als Motor oder gar als Lehrende? Oder sehen Sie Ihre Rolle eher im Ermöglichen, Beobachten und Unterstützen der Kinder? Brauchen Kinder heute Ihrer Meinung nach Erwachsene, die auf alle Fragen eine Antwort haben, oder Erwachsene, die den Kindern dabei helfen, eigene Antworten zu finden, oder sich mit ihnen auf die spannende Suche nach Antworten machen?

An dieser Stelle der Konzeption haben Sie auch die Möglichkeit, etwas für das Image des Berufs zu tun: Wenn Sie z. B. verdeutlichen können, welche besondere Bedeutung die Beobachtung der Kinder für die weitere pädagogische Arbeit hat, dann werden vorschnelle Urteile über Fachkräfte, die auf dem Außengelände „nur" rumstehen und „nichts" tun, vielleicht überdacht.

3. Wird die Bedeutung des Spiels für die Entwicklung der Kinder erklärt?

Das Spiel als die anstrengende und anspruchsvolle Arbeit des Kindes zu bezeichnen, kann greifbar machen, welch große Bedeutung das Spielen für Kinder hat. Armin Krenz hat das so ausgedrückt: „Das Spiel ist gewissermaßen der Hauptberuf eines jeden Kindes, das dabei ist, die Welt um sich herum, sich selbst, Geschehnisse und Situationen, Beobachtungen und Erlebnisse im wahrsten Sinn des Wortes zu begreifen" (Krenz 2001). Damit Eltern beispielsweise besser verstehen können, warum ihr Kind nach der Kita müde ist und Erholung braucht, ist ein Eingehen auf die Bedeutung des kindlichen Spiels sehr hilfreich. Wie eng Lernen und Spielen verbunden sind, sollte darum unbedingt in einer Kita-Konzeption erläutert werden.

4. Wird in der Konzeption deutlich, nach welchem pädagogischen Konzept in der Kita gearbeitet oder sich orientiert wird?

Wenn ein bestimmtes pädagogisches Konzept, z. B. Reggio oder Montessori, Orientierung oder eindeutige Ausrichtung für die Kita ist, muss dies natürlich in der Konzeption deutlich hervorgehoben werden. Es kann dann sinnvoll sein, das vorliegende Konzept zunächst einmal kurz theoretisch zu erläutern. Mehr Platz einnehmen sollte dann, wie es die Arbeit der Kita beeinflusst und praktisch im Alltag umgesetzt wird.

Was zeichnet Ihre Kita aus?

5. Wird beim Lesen deutlich, welche Besonderheiten diese Kita auszeichnen?

Die Konzeption sollte unbedingt Auskunft darüber geben, was an dieser Kita besonders ist. So wird jede Kita-Konzeption ein ganz individuelles Werk, denn in jedem Team wird es unterschiedliche Schwerpunkte geben und auch jedes soziale Umfeld von Kitas ist anders.

Eine Bewegungs-Kita sollte also auf den Bildungsbereich Bewegung besonderes Augenmerk legen. Wenn der Fokus auf vollwertiger Ernährung der Kinder und frisch gekochter Kost liegt, sollte das in der Konzeption nachzulesen sein. Eine Kita, in der z. B. 80% der Kinder aus Familien mit Migrationshintergrund kommen, sollte in ihrer Konzeption unbedingt auf diese besondere Form der pädagogischen Arbeit eingehen und die Vorteile dieses multikulturellen Miteinanders aufzeigen. Wenn Fachkräfte im Team arbeiten, die besondere Talente und Kenntnisse mitbringen und diese für die Arbeit nutzen, hebt das die Kita von anderen ab – stellen Sie das also als ein positives Merkmal heraus. Es gibt unzählige Beispiele für Alleinstellungsmerkmale. Finden Sie mit Ihrem Team heraus, wo Ihre besonderen Stärken liegen, und benennen Sie diese auch.

6. Ist die Konzeption in einem freundlichen und wertschätzenden Ton geschrieben?

Eine Konzeption ist nicht dazu geeignet, Eltern bestimmte Regeln schriftlich mitzuteilen, damit sie sich zukünftig daran halten. Sie sollte auch nicht zweckentfremdet werden, um bestimmte Abläufe zu klären. Der „erhobene Zeigefinger" ist in einer Kita-Konzeption fehl am Platz! Falls es in einer Kita mit bestimmten Regeln und Abläufen für Eltern und Familien immer wieder Schwierigkeiten gibt, müssen diese natürlich bearbeitet werden. Dies sollte aber nichts mit der Konzeption zu tun haben. Achten Sie also darauf, dass der Ton in den Texten durchgängig wertschätzend und freundlich ist und lassen Sie dies eventuell von einer außenstehenden Person beim Korrekturlesen der Konzeption überprüfen.

7. Wird in der Konzeption explizit nach Rückmeldungen und Anregungen gefragt?

Lesende um eine Rückmeldung zur überarbeiteten Konzeption bitten – das kann beispielsweise einleitend oder auch am Ende der Kita-Konzeption einen Platz bekommen. Eine solche Aufforderung zeigt auf, dass die Verfasser*innen an der Meinung anderer interessiert sind und diese als wertvolle Anregungen einschätzen. Es wird auch deutlich, dass die Konzeption sich immer in Weiterentwicklung befindet und daher Anregungen für die nächste Aktualisierung gerne aufgenommen werden.

Kopiervorlage: Fragen zur Überprüfung der bestehenden Kita-Konzeption

Fragen	Anmerkungen dazu
Strukturelle Fragen	
1. Ist die Gliederung der Konzeption gut durchdacht und befinden sich die Kapitel in einer sinnvollen Reihenfolge?	
2. Sind in der Gliederung der Konzeption Seitenzahlen angegeben, um einzelne Kapitel einfach zu finden?	
3. Ist in der Konzeption nachzuvollziehen, wo sich die Kita befindet und wer Träger und Ansprechpartner*innen sind?	
4. Hat die Konzeption ein ansprechendes Layout?	
5. Wurden ausreichend oder zu viele verschiedene Schriftformen, Unterstreichungen und Hervorhebungen genutzt?	
6. Sind die einzelnen Seiten in der Konzeption mehrspaltig und im Blocksatz gesetzt?	
7. Ist schnell herauszufinden, wie alt die Konzeption ist?	
8. Wurde die Konzeption Korrektur gelesen und auf Flüchtigkeits- und Rechtschreibfehler hin überprüft?	
9. Sind die Texte durch Grafiken, Bilder, Zeichnungen aufgelockert?	
10. Ist die Konzeption haltbar gebunden und sieht sie professionell aus?	
Inhaltliche/pädagogische Fragen	
1. Wird beim Lesen klar, welche Grundhaltung gegenüber Menschen im Allgemeinen und Kindern im Speziellen in dieser Kita herrscht?	
2. Wird in der Konzeption deutlich, welche Rolle die pädagogischen Fachkräfte für das Spielen und Lernen der Kinder einnehmen?	
3. Wird die Bedeutung des Spiels für die Entwicklung der Kinder erklärt?	
4. Wird in der Konzeption deutlich, nach welchem pädagogischen Konzept in der Kita gearbeitet oder sich orientiert wird?	
5. Wird beim Lesen deutlich, welche Besonderheiten diese Kita auszeichnet?	
6. Ist die Konzeption in einem freundlichen und wertschätzenden Ton geschrieben?	
7. Wird in der Konzeption explizit nach Rückmeldungen und Anregungen gefragt?	

2. Gliederung der Kita-Konzeption

Der Gliederung der Konzeption kommt eine besondere Bedeutung zu, denn sie ist in der Regel die erste Seite, die Lesende aufschlagen, um sich zu orientieren. Wenn also bereits die Gliederung übersichtlich, logisch aufgebaut ist und neugierig auf mehr macht, dann ist die erste Hürde genommen. Die hier vorgestellte Gliederung kann nur eine Anregung sein. Sie wird in jedem Fall den besonderen Bedingungen vor Ort und den individuellen Schwerpunkten angepasst werden müssen.

Anhand einer übersichtlichen Gliederung können einzelne Themen in der Kita-Konzeption schnell gefunden werden. Dazu ist auch die Angabe der Seitenzahl hilfreich. Jedes Kapitel sollte kurz gehalten werden. Mit einer Konzeption mit 50 oder noch mehr Seiten Inhalt gehen Sie immer das Risiko ein, dass sie nicht gelesen wird. Deshalb ist es ratsam, im laufenden Prozess der Überarbeitung die Frage nach einer Reduzierung insgesamt kritisch zu diskutieren.

Eine etwas andere Variante der Kapitelbezeichnung in Konzeptionen als die hier vorgestellte kann sein, die Kapitel humorvoller, abwechslungsreicher und interessanter zu benennen. In einer Teamsitzung können gemeinsam alternative Titel gesammelt und es kann anschließend darüber abgestimmt werden.

Mögliche Konzeptionsgliederung

1. Vorwort Seite 1

2. Rahmenbedingungen Seite 2
a. Größe, Lage und Angebot der Kita Seite 3
b. Träger der Kita Seite 3
c. Struktur der Gruppen Seite 4
d. Räumlichkeiten Seite 4
e. Zusammensetzung des Teams Seite 5
f. Rechtliche Grundlagen Seite 5

3. Werte & Ziele der pädagogischen Arbeit/Leitbild Seite 7

4. Die pädagogische Arbeit Seite 9
a. Der pädagogische Ansatz Seite 9
b. Eingewöhnung/Umgewöhnung Seite 10
c. Bildungsbereiche Seite 11
d. Tagesablauf Seite 13
e. Das Spiel der Kinder Seite 14
f. Beteiligung und Mitsprache, Kinderschutz Seite 15
g. Besonderheiten (z. B. Inklusion) Seite 16

5. Zusammenarbeit mit Eltern Seite 17

6. Zusammenarbeit im Team Seite 19
a. Was bedeutet für uns Teamarbeit? Seite 19
b. Kita-Leitung Seite 20
c. Welche Besprechungsformen brauchen wir? Seite 20
d. Ausbildung, Weiterbildung Seite 21

7. Zusammenarbeit mit dem Träger und weitere Kooperationen Seite 22

8. Abschluss Seite 23

Bausteine einer Kita-Konzeption

1. Das Vorwort

Einleitende Worte haben die Aufgabe, etwas zur Idee einer Publikation, zu ihren Motiven und Zielen zu vermitteln. Das Vorwort soll also möglichst zum Weiterlesen einladen, einen ersten Eindruck vermitteln und eventuell auch neugierig machen. Es könnte starten mit einem Zitat, einem Spruch oder einem Gedicht, in dem sich die Verfasser*innen wiederfinden.

Das Vorwort wird in vielen Konzeptionen vom Träger geschrieben. Falls Ihr Träger dieses nicht schreiben möchte oder kann, darf es aber dennoch nicht fehlen. Ob Eltern gefragt werden können oder andere Kooperationspartner*innen der Kita, die die Arbeit gut kennen und unterstützen, muss überlegt werden.

Es besteht selbstverständlich auch die Möglichkeit, dass Sie als Leitung oder das Team das Vorwort selbst schreiben.

2. Rahmenbedingungen

- **Größe, Lage und Angebot der Kita**

Am Beginn einer Konzeption sollte der Name der Kita stehen. Anschließend folgen Angaben wie Adresse, Erreichbarkeit (Telefon, E-Mail) und der Name der Leitung, die bei Fragen kontaktiert werden kann.

Konzeptionsinhalte: Infos über Träger, Gruppenstruktur und Team

Formulierungsvorschläge für kreative Betitelung der Konzeptionskapitel

Üblicher Titel	Kreativer Titel
Rahmenbedingungen	Damit Sie sich bei uns zurechtfinden: Räume, Zeiten, Kontakte
Räumlichkeiten/Zusammensetzung des Teams	Wer, wo, was (Räume, Material, Personal)
Rechtliche Grundlagen	§§§
Werte und Ziele	– Damit sich Ihr Kind bei uns wohlfühlt: Was uns leitet – So sehen wir dich! (Bild vom Kind) – Unsere Auffassung von Lernen und Bildung – Unsere Auffassung von Erziehung
Die pädagogische Arbeit	Damit sich Ihr Kind gut entwickelt und lernt: Was wir den Kindern bieten
• Der pädagogische Ansatz	In der Gruppe sind wir stark! (Gruppenorientierte Arbeit)
• Eingewöhnung/Umgewöhnung	Die ersten Schritte (Aufnahme und Eingewöhnung)
• Bildungsbereiche	– Gemeinsam werden wir „groß“ (Bildungs- und Entwicklungsbegleitung, Förderung) – Unser Schatzbuch (Bildungs- und Lerndokumentation)
• Tagesablauf	Projekte und Angebote
• Das Spiel der Kinder	Spielerisch wachsen
• Beteiligung und Mitsprache	Eine*r für alle, alle für eine*n
• Besonderheiten	– Unsere Spezialität (Inklusion) – Was uns besonders macht (Schwerpunkte unserer Arbeit) – Was es (fast) nur bei uns gibt (besondere Angebote)
Zusammenarbeit mit Eltern	– Damit Sie sich bei uns wohlfühlen: Wir sind auch für die Eltern da – Ein Kind kommt selten allein! (Erziehungspartnerschaft) – Worüber wir reden sollten (Regelmäßige Entwicklungsgespräche) – Das versprechen wir Ihnen (Formen der Zusammenarbeit und Mitarbeit)
Zusammenarbeit im Team und mit dem Träger	– Was wir sonst noch tun – Zusammen sind wir stark: Teamarbeit – Chefsachen: Leitung der Kita – Mit wem wir zusammenarbeiten (Vernetzung und Kooperation) – Wer bei uns lernt (Ausbildung) – So halten wir uns fit (Fort- und Weiterbildung)

Dem folgt die Information, wie viele Gruppen in der Kita betrieben werden, bzw. wie viele Kinder aufgenommen werden können. Auch das Alter der Kinder, die die Kita besuchen können, sollte unbedingt angegeben werden.

Die Lage der Kita kann außerdem von Bedeutung sein. Hier sollte beschrieben werden, ob die Kita mitten in der Stadt, am Stadtrand oder ländlich – z. B. von Wald umgeben – gelegen ist. Interessant ist sicherlich auch, ob die Kita in einem Wohngebiet angesiedelt ist. Dies spricht dort lebende Familien an. Eine mögliche Angabe könnte auch sein, ob es in der Nähe Geschäfte oder Betriebe gibt.

Das anschließend beschriebene Angebot der Kita stellt das Leistungsspektrum vor: Gibt es z. B. Ganztagsplätze und, wenn ja, wie viele? Wie sind die Öffnungszeiten? An wie vielen Tagen und vielleicht auch wann hat die Kita sicher geschlossen? Wie und wann werden Eltern darüber informiert? Wird Mittagessen für die Kinder angeboten? Ist dieses frisch gekocht oder wird ein Catering-Dienst in Anspruch genommen?

- **Träger der Kita**

Spätestens hier sollte erklärt werden, zu welchem Träger die Kita gehört und wie – nur kurz skizziert – die Organisation der Zusammenarbeit aussieht. Konkret sollte darauf dann in einem eigenen Kapitel eingegangen werden. Hier geht es vor allem darum, den Träger und eine*n Ansprechpartner*in, an den/die man sich mit Fragen wenden kann, zu benennen.

- **Struktur der Gruppen**

Wird in der Kita mit Gruppenstrukturen gearbeitet oder nach dem offenen System? Offenes Arbeiten könnte hier kurz erläutert werden – aber eher unter organisatorischen Gesichtspunkten. Auf inhaltliche Überzeugungen wird später eingegangen. Hier sollte zu lesen sein, dass es Funktionsräume gibt, die gleich im Anschluss erläutert werden können, oder wie das Ankommen der Kinder am Morgen abläuft, wenn Kinder keiner Gruppe zugeteilt sind.

Wo ist in Ihrer Kita was oder wer zu finden?

Falls die Kita gruppenorientiert arbeitet, kann hier nachgelesen werden, wie diese Gruppen heißen, wie sie sich voneinander unterscheiden (z. B. Altersaufteilung) und ob es für die Kinder auch möglich ist, andere Gruppen zu besuchen oder in Projekten Kinder und Mitarbeiter*innen aus anderen Gruppen zu treffen.

- **Räumlichkeiten**

Hier bietet es sich tatsächlich an, die Räumlichkeiten des Gebäudes nicht durch einen Text vorzustellen, sondern durch eine Zeichnung. Vielleicht gibt es aus der Bauphase der Kita noch eine Architektenzeichnung, die die Innenräume gut abbildet und eingescannt werden kann. Vielleicht finden Sie auch jemanden im Team oder bei den Eltern, der/die eine Skizze der Raumaufteilung anfertigen kann. Es kommt hier nicht auf maßstabgetreue Angaben an, sondern vielmehr darauf, sich einen schnellen Überblick verschaffen zu können.

- **Zusammensetzung des Teams**

An dieser Stelle sollte deutlich werden, wie viele Fachkräfte in der Kita arbeiten und wie die Gruppen oder Funktionsräume mit Fachkräften besetzt werden. Falls es konkrete Gruppenleitungen gibt, können diese hier benannt werden. Dabei sollte auf Namensnennung verzichtet werden – zum einen ist dies aus Datenschutzgründen fragwürdig und zum anderen kann dies durch personelle Veränderungen schnell dazu führen, dass die Angaben nicht mehr stimmen.

Sinnvolle Reihenfolge der Auflistung rechtlicher Grundlagen

Wenn Sie rechtliche Grundlagen in Ihre Kita-Konzeption aufnehmen wollen, dann sollten diese in folgender Reihenfolge dargestellt werden:

UN-Konventionen
- Übereinkommen der Vereinten Nationen über die Rechte des Kindes
- Übereinkommen der Vereinten Nationen über die Rechte von Menschen mit Behinderungen

Bundesgesetze
- Sozialgesetzbuch SGB VIII
- Bundeskinderschutzgesetz

Landesgesetze
- Landesgesetze des jeweiligen Bundeslandes für Kindertageseinrichtungen
- Ausführungsbestimmungen der Bundesländer
- Bildungspläne oder -empfehlungen

Wichtig ist zu erwähnen, wer neben den Fachkräften noch in der Kita arbeitet, z. B. Auszubildende, Praktikant*innen, Hauswirtschaftskräfte, Reinigungspersonal, Haustechnikkräfte und alle anderen, die mit dafür sorgen, dass der Betrieb der Kita gesichert ist.

- **Rechtliche Grundlagen**

Manche Teams legen Wert darauf, dass die gesetzlichen Grundlagen der Kita-Arbeit in der Konzeption dargelegt werden. Gute Argumente dafür sind, dass die Arbeit beispielsweise den Eltern gegenüber aufgewertet wird, wenn deutlich gemacht werden kann, dass es einen gesetzlichen Auftrag der Bildung, Erziehung und Betreuung gibt.

3. Werte und Ziele der pädagogischen Arbeit/Leitbild

Werte werden definiert als von der Allgemeinheit anerkannte, erstrebenswerte und als gut befundene Wesensmerkmale einer Person innerhalb einer Wertegemeinschaft. Die Wertegemeinschaft entwickelt aus diesen Werten Handlungsmuster und Denkansätze, um bestimmte Ergebnisse gemeinsam erzielen zu können. Die hierfür gesteckten Ziele werden definiert als ein angestrebter Zustand in der Zukunft, der durch entsprechendes menschliches Verhalten erreicht werden soll.

Für die frühpädagogische Arbeit bedeutet dies, dass die grundlegenden Wertvorstellungen des Teams in Bezug auf Bildung und Erziehung von Kindern allen bekannt sind, gemeinsam diskutiert und festgelegt und dann auch in der Praxis umgesetzt werden. Somit ist dieses Kapitel sozusagen das „Herzstück" der Kita-Konzeption. Hier sollte nachgelesen werden können, welche Vorstellungen, Kenntnisse und Haltungen Kindern gegenüber in dieser Kita vorherrschen: Welches Menschenbild und welches Bild vom Kind leiten die pädagogische Arbeit? Daraus abgeleitet werden die Ziele der pädagogischen Arbeit formuliert: Was will das Team dieser Kita für die ihm anvertrauten Kinder erreichen? Wie sollen sich Kinder entwickeln? Was sollen sie während ihrer Zeit in der Kita (kennen-)lernen? Wie sollen sich Kinder in der Kita fühlen?

Falls dieser Teil der Konzeption für Ihr Team neu erarbeitet werden muss, sollte dafür ausreichend Zeit und Raum eingeplant werden. Es sind keine einfachen Fragen, die hier beantwortet werden sollen, und ein Mitdenken und Mitdiskutieren von möglichst allen im Team ist von großer Bedeutung. Schließlich sollen die Teammitglieder dann in der täglichen Arbeit die definierten Werte und Ziele umsetzen und mit konkretem Handeln den Eltern und Kindern gegenüber zum Leben erwecken. Das kann nur gelingen, wenn vorher tat-

Exkurs: Wozu Ziele stecken?

- Ziele motivieren, setzen Energie frei und erhöhen den Durchhaltewillen.
- Ziele geben dem Tun einen Sinn und eine Richtung.
- Ziele schaffen Klarheit und Transparenz.
- Ziele binden die Fachkräfte.
- Ziele zu erreichen stärkt das Team und gibt Selbstvertrauen und Stärke.

Je realistischer ein Ziel zu erreichen ist, umso länger hält die Motivation an.

Das Wertekapitel ist Herzstück der Konzeption!

sächlich alle am Weiterentwicklungsprozess beteiligt wurden und so diese Werte und Ziele als ihre eigenen (an-)erkennen. Für Werte in Ihrer Arbeit, die von Ihrem Träger bereits in seinem Leitbild festgelegt sind, gilt natürlich, dass diese auch wahrgenommen, diskutiert und in die Konzeption aufgenommen werden sollten.

Haben Sie mit Ihrem Team wesentliche Werte – beispielsweise durch Clustering (s. S. 30 ff.) – festgelegt, werden konkrete Ziele für die pädagogische Arbeit daraus abgeleitet, die allen erreichbar erscheinen. Stellen Sie im Team dazu folgende Fragen:

- Warum ist uns das wichtig?
- Was wollen wir damit erreichen?
- Wie soll das Ergebnis aussehen?
- Wie können wir das im täglichen Miteinander konkret umsetzen und zeigen?

Beispiel aus der Praxis:
Sie benennen in der Konzeption die Werte „Respekt" und „Wertschätzung". Abgeleitete Ziele könnten sein: Kinder lernen in unserer Kita, dass sie

- Rechte haben,
- wertvoll sind,
- selbständig und selbstwirksam sind,
- ihre eigene Meinung haben dürfen,
- ernst genommen werden.

4. Die pädagogische Arbeit

- **Der pädagogische Ansatz**

Dieser Unterabschnitt ist dann von Bedeutung für Ihre Konzeption, wenn Sie sich in Ihrer Arbeit an einem bestimmten pädagogischen Ansatz orientieren, z. B.:

- Offene Arbeit
- Reggio-Pädagogik
- Montessori-Pädagogik
- Waldorf-Pädagogik
- Situationsansatz

Erläutern Sie Ihren pädagogischen Ansatz kurz theoretisch und gehen Sie anschließend darauf ein, was dies für Ihre konkrete Arbeit bedeutet.

- **Eingewöhnung/Umgewöhnung**

Kinder in den ersten Lebensjahren sollten eine neue Umgebung, neue Menschen, neue Räume und Materialien und neue Abläufe am besten mit Begleitung und Unterstützung kennenlernen. Dies gilt für die ersten Tage in der Kita genauso wie für Wechsel von Gruppen oder Bereichen innerhalb der Kita oder für den Wechsel in die Schule. Zumindest die Aufnahme und die Entlassung – in die Schule

Wird nach einem bestimmten pädagogischen Ansatz gearbeitet?

oder in eine andere Einrichtung – erleben alle Kinder, die eine Kita besuchen. Daher haben diese Veränderungen auch eine hohe Bedeutung für das Wohlbefinden der Kinder. Sie sollten also in der Konzeption erläutern, wie Sie diese Übergänge für die Kinder gestalten. Falls Sie sich bei der Eingewöhnung an einem bekannten Konzept orientieren, wie dem Münchener oder dem Berliner Eingewöhnungsmodell, dann sollten Sie dieses Modell kurz vorstellen, um anschließend deutlicher darauf einzugehen, was es für die konkrete Situation in Ihrem Haus bedeutet.

Wenn die Kinder Ihrer Kita während der Jahre auch eine Gruppe oder einen Bereich wechseln und es für diese Veränderungen in Ihrem Team einen festgelegten Ablauf gibt, sollte auch dieser vorgestellt werden. Falls es bisher keinen festgelegten Ablauf gibt, sollten Sie darüber nachdenken, ob es sinnvoll sein könnte, dies zu ändern. Auch der Wechsel z. B. von einer Krippengruppe in den Kita-Bereich bedeutet für die Kinder eine große Veränderung, und es wäre gut, wenn Sie als Team dies im Blick und Abläufe dafür festgelegt hätten. Der Übergang in die Schule ist in den meisten Kitas ein ohnehin bedeutsames Ereignis, das häufig nach einem klaren Muster abläuft. Beschreiben Sie auch hier, warum dieser Übergang für das Kind und die Eltern von großer Bedeutung ist und wie Sie konkret die Kinder und deren Familien dabei unterstützen.

Täglich frisch gekocht? In der Konzeption solche Besonderheiten hervorheben

- **Bildungsbereiche**

In allen Bundesländern gibt es Bildungspläne oder -empfehlungen für die frühkindliche Bildung und Erziehung in Kindertageseinrichtungen. In diesen werden die Bildungsbereiche und die damit verbundenen Bildungs- und Lernziele genannt, die für die Frühpädagogik von Bedeutung sind. Daran haben sich die Kitas – wenn auch mit individueller Ausprägung – zu orientieren.

Zählen Sie in der Konzeption die Bildungsbereiche aus dem Bildungsplan Ihres Bundeslandes auf (mit Quellenangabe). In unterschiedlicher Formulierung handelt es sich um die Bereiche:

- Körper, Bewegung, Gesundheit
- Rhythmik, Musik
- Spiel
- Sozialverhalten, Normen und Werte
- Kommunikation und Sprache
- Bauen, künstlerisches Gestalten
- Natur und Naturerleben, Ökologie
- Naturwissenschaften, Mathematik, Technik

Versuchen Sie dann wieder konkret zu werden. Erläutern Sie zu jedem Bereich, wie Sie diesen in Ihrer Kita umsetzen, welche konkreten Angebote und Aktionen es dazu gibt. Ergänzen Sie auch, ob es besonders herausragende Angebote zu einem Bereich gibt, ob Sie in Ihrer Kita einen Schwerpunkt haben und ob es spezielle Expert*innen für einzelne Bereiche in Ihrem Kita-Team gibt.

- **Tagesablauf**

Für manche Teams ist der beispielhafte Tagesablauf in der Konzeption von hoher Bedeutung – für andere nicht. Entscheiden Sie mit Ihrem Team, wie Sie das handhaben wollen. Für Eltern, die die Konzeption lesen, kann es durchaus hilfreich und unterstützend sein, an dieser Stelle eine konkrete Vorstellung davon zu bekommen, was ihre Kinder den Tag über in der Kita tun und wie vielfältig die Aufgaben der Fachkräfte sind. Der Tagesablauf kann an dieser Stelle als grafische oder tabellarische Darstellung (s. S. 27) eingefügt werden.

- **Das Spiel der Kinder**

Leser*innen einer Kita-Konzeption ohne pädagogisches Fachwissen messen dem kindlichen Spiel nicht immer die nötige Wichtigkeit bei. Daher kann es sinnvoll sein, in der Konzeption näher darauf einzugehen. Es sollte an dieser Stelle deutlich gemacht werden: Spielen ist elementare Ausdrucksform von Kindern. Es ist für die kindliche Entwicklung genauso wichtig wie Essen, Trinken und Schlafen. Im Spiel verarbeiten Kinder ihre Erlebnisse, eignen sich die (Um-)Welt an und sammeln grundlegende Erfahrungen. Sie erleben Gefühle wie Stolz, Wut, Freude und Enttäuschung und können sich im Aushalten und Umgehen mit diesen Gefühlen üben. Spielen wird oftmals auch als die „Arbeit des Kindes“ beschrieben. Diese Definition hilft vielleicht manchen Eltern dabei, dieser Tätigkeit die angemessene Bedeutung zu geben. Erläutern Sie in der Konzeption deshalb kurz die wesentlichen Erkenntnisse über das kindliche Spiel und zeigen Sie dann auf, wann und wo Kinder in Ihrer Kita die Möglichkeit zum freien, aber auch zum angeleiteten Spielen haben.

- **Beteiligung und Mitsprache**

Beteiligungs- und Mitspracherechte der Kinder im Kita-Alltag und deren konkrete Einbindung und Umsetzung in Ihrer Kita gehören als Themenbereich in jede Konzeption. Mittlerweile legen viele Aufsichtsbehörden bei der Erteilung einer neuen oder veränderten Betriebserlaubnis für Einrichtungen besonderen Wert darauf, dass diese Kinderrechte in der Kita-Konzeption explizit erwähnt werden. (Detaillierte Hinweise zu diesem Themenbereich finden Sie in Kapitel IV.)

Musterbeispiel: tabellarische Darstellung des Tagesablaufs für Kita und Krippe

Krippe	Uhrzeit	Kita
	07:00 Uhr	Öffnung der Kita – Frühdienst
Öffnung der Krippe	07:30 Uhr	Alle Gruppen sind besetzt
Freispiel in der Bringzeit	08:00 Uhr	Freispiel in der Bringzeit
		Offenes Frühstück bis 10:30 Uhr
Freispiel in der Bringzeit	08:30 Uhr	Freispiel in der Bringzeit
Morgenkreis	09:00 Uhr	Morgenkreis
Gemeinsames Frühstück	09.30 Uhr	Freispiel oder besondere Aktivitäten und Projekte
Freispiel oder besondere Aktivitäten und Projekte	10:00 Uhr	
	10:30 Uhr	
	11:00 Uhr	
	11:30 Uhr	
Mittagessen für die Ganztagskinder	12:00 Uhr	Mittagessen für die Ganztagskinder
Abholzeit	12:30 Uhr	Abholzeit
Schlafenszeit für die Ganztagskinder	13:00 Uhr	Ruhezeit für die Ganztagskinder
	14:00 Uhr	Freispiel oder besondere Aktivitäten und Projekte
Abholzeit	14:30 Uhr	
Schließung der Krippe	15:00 Uhr	Nachmittagssnack
	15:30 Uhr	Freispiel draußen
	16:30 Uhr	Schließung der Kita

Formulierungsbeispiel: Teamarbeit in der Konzeption vorgestellt

„Unter Teamarbeit verstehen wir, dass alle Mitarbeiter*innen im Haus ihre Ideen, Themenvorschläge und Überzeugungen einbringen können und diese im gesamten Team besprochen und entschieden werden.
Wenn es uns gelingt, die Fähigkeiten und Interessen jedes/jeder Einzelnen in unsere Arbeit einfließen zu lassen, kann den Kindern und Eltern anregungsreiche Vielfältigkeit versprochen werden. Teamarbeit verstehen wir als einen Prozess, der immer weiterentwickelt wird und sich stetig verändert."

(aus: Konzeption der Integrativen Kindertagesstätte „Villa Kunterbunt" in Andernach)

- **Besonderheiten**

Hier sollten Sie alle Themen und Angebote erläutern, die Ihre Kita zusätzlich zu den den Bildungsbereichen zugeordneten Aktionen anbietet oder die Ihre Kita in besonderer Weise auszeichnen. Alleinstellungsmerkmale sollten mit der angemessenen Bedeutung in der Konzeption hervorgehoben werden. Falls es in Ihrem Umfeld mehrere Kindertageseinrichtungen gibt, kann es für Eltern wichtig sein zu erkennen, was sie unterscheidet und besonders macht. Besonderheiten einer Kita könnten sein:

- Das Mittagessen wird von einer Köchin vor Ort in regionaler und vollwertiger Qualität jeden Tag frisch zubereitet.
- Das Thema „gesunde Ernährung" liegt Ihnen besonders am Herzen und daher bereiten Sie das Frühstück für die Kinder gemeinsam in der Kita vor.
- Sie sind Bewegungskita (eventuell sogar zertifiziert) und bieten daher ein außergewöhnliches Programm an Bewegungs-Aktivitäten für die Kinder an.
- Sie arbeiten integrativ und bieten auch für Kinder mit besonderen Bedürfnissen Bildung, Erziehung, Betreuung und Förderung an.
- Sie arbeiten eng mit einer logopädischen Praxis zusammen und können daher bei einer untypischen Sprachentwicklung schnell reagieren.
- Sie arbeiten mit einem benachbarten Seniorenstift zusammen und bieten den Kindern dadurch generationenübergreifende Begegnungen an.

5. Zusammenarbeit mit Eltern

Die Verpflichtung von Kindertageseinrichtungen zu einer Bildungs- und Erziehungspartnerschaft mit den Eltern oder Sorgeberechtigten der Kinder ist in diversen Gesetzen verankert. Dies kann in der Konzeption zunächst kurz erläutert werden. Anschließend wird aufgeführt, wie sich diese Partnerschaft aus Ihrer Sicht und eventuell auch aus Sicht der Eltern praktisch gestaltet. Verschiedene Formen der Zusammenarbeit mit Eltern sind z. B.:

- Entwicklungsgespräche über das einzelne Kind nach Bedarf und auf Wunsch der Eltern oder der Fachkräfte oder in regelmäßigen, definierten Abständen (in vielen Kitas rund um den Geburtstag des Kindes)
- Elternabende oder -nachmittage
- Wahl des Elternausschusses oder -beirats
- regelmäßige Feste und Feiern
- Hospitation der Eltern in der Kita
- gemeinsame Eltern-Kind-Projekte

Auch hier können die Angebote gut in Form einer Grafik dargestellt werden.

6. Zusammenarbeit im Team

- **Was bedeutet für uns Teamarbeit?**

An dieser Stelle der Konzeption können Sie deutlich machen, was Zusammenarbeit im Team für Sie bedeutet, welchen Stellenwert diese für Sie hat und was gute Teamarbeit in Ihrer Kita kennzeichnet. Gute Teamarbeit beinhaltet beispielsweise, dass

- alle im Team sich gegenseitig helfen und ermutigen,
- andere Meinungen toleriert und akzeptiert werden,
- zugehört und aufeinander eingegangen wird,
- persönliche Angriffe und Beleidigungen vermieden werden,

Wie arbeitet Ihr Team zusammen?

- kein Teammitglied links liegen gelassen wird,
- jede*r pünktlich erscheint, mitmacht und sein oder ihr Bestes gibt,
- das aktuelle Thema/die Aufgabe von allen ernst genommen wird,
- zielstrebig gearbeitet und diskutiert wird,
- auftretende Probleme offen angesprochen werden,
- jede*r hält, was er oder sie versprochen hat,
- alle die aufgestellten Regeln beachten,
- Konflikte im Team taktvoll, aber vorrangig behandelt werden.

Wie detailreich Sie in der Konzeption solche wichtigen Grundlagen der Zusammenarbeit in Ihrem Team darstellen möchten, sollten Sie mit Ihren Mitarbeiter*innen gemeinsam entscheiden.

- **Kita-Leitung**

Die Aufgaben einer Kita-Leitung sind vielfältig, werden aber von außen nicht immer so wahrgenommen. Daher kann es Ihnen ein Anliegen sein, zumindest eine grobe Übersicht der Leitungsaufgaben in der Konzeption darzustellen:

- Anleitung und Gestaltung der pädagogischen Arbeit
- Zusammenarbeit mit Eltern
- Mitarbeiterführung/Personalwesen
- Fortbildung und Qualifizierung
- Steuerung und Verwaltung der Einrichtung
- Zusammenarbeit mit dem Träger
- Zusammenarbeit und Vernetzung mit anderen Institutionen, Interessenvertretung
- Öffentlichkeitsarbeit/Außenvertretung
- ggf. unmittelbare Arbeit mit den Kindern

Inwieweit Sie auf diese Aufgaben eingehen möchten, ob Sie weitere mit aufführen oder einige der aufgezählten nicht zu Ihren Aufgaben gehören, beurteilen Sie als Kita-Leitung individuell.

- **Welche Besprechungsformen brauchen wir?**

Die Aufgaben der pädagogischen Fachkräfte umfassen deutlich mehr als die direkte Arbeit mit den Kindern. Dies kann in der Kita-Konzeption gut verdeutlicht werden, indem Sie Auskunft darüber geben, welche regelmäßigen Absprachesettings Sie nutzen, beispielsweise:

- Sitzungen mit allen Teammitgliedern
- Gruppenleitungssitzungen
- Gruppenteambesprechungen mit/ohne Leitung
- Arbeitsgruppen-Besprechungen
- Fallbesprechungen
- kollegiale Beratungen
- Planungstreffen für bestimmte Aktivitäten

Tragen Sie dazu im Team zusammen, welche Besprechungsformen es in Ihrer Kita gibt, und listen Sie diese in Ihrer Konzeption – möglicherweise auch grafisch dargestellt – auf.

Informieren Sie darüber, wie regelmäßig Sie sich fortbilden

- **Ausbildung, Weiterbildung**

In den meisten Kitas sind neben pädagogischen Fachkräften auch Praktikant*innen beschäftigt. Diese sind nicht einfach zusätzliche Arbeitskräfte, die das eigentliche Team entlasten sollen. Jede Kita hat gegenüber Praktikant*innen in der Regel einen Ausbildungsauftrag. In der Konzeption kann die Möglichkeit dargestellt werden, dass die Ausbildung von zukünftigen Fachkräften auch zu den Aufgaben des Teams gehört.

Formulierungsbeispiel: regelmäßige Weiterbildung des Teams

„Eine abgeschlossene Ausbildung ist die Grundlage für unsere Arbeit. Nach dieser Ausbildung erfordern die Weiterentwicklung unseres Berufes und die sich verändernden Anforderungen an unsere Arbeit aber auch eine ständige Weiterentwicklung.
Durch eintägige und mehrtägige Fortbildungen, aber auch Weiterbildungen, die teilweise mehrere Jahre dauern, halten sich alle Kolleginnen und Kollegen permanent auf dem aktuellen Stand der Entwicklungen in der Frühpädagogik.
Einmal jährlich schließen wir die Kindertagesstätte, um unsere Konzeption zu aktualisieren und weiterzuentwickeln. Wir laden Fachreferenten ein, setzen uns mit aktueller Fachliteratur auseinander und haben diverse Fachzeitschriften abonniert, um unsere Professionalität zu erhalten.
Unser Träger unterstützt die Fort- und Weiterbildungsinteressen der Mitarbeiter*innen und beteiligt sich an Kosten und Freistellungen.
Darüber hinaus nehmen alle Mitarbeiter*innen regelmäßig an Schulungen zu Erster Hilfe am Kind, Hygienegrundlagen, Lebensmittelrecht und Brandschutz teil. Wir haben weiterhin jeweils eine ausgebildete Kollegin als Sicherheitsbeauftragte und als Ersthelferin im Einsatz."

(aus: Konzeption der Integrativen Kindertagesstätte „Villa Kunterbunt" in Andernach)

Was zur Praktikumsbegleitung gehört und damit zum Ausbildungserfolg beiträgt, könnten Sie beispielsweise so aufführen:

- das Ausbildungscurriculum kennen
- Anforderungen an die Ausbildung und Standards der Ausbildung kennen
- Ziele der Ausbildung kennen
- einen Ausbildungsplan erstellen und umsetzen
- das Erreichen der Ziele unterstützen und kontrollieren
- die Ausbildungsbedingungen im Blick haben
- Erwartungen an Praktikant*innen formulieren und besprechen
- regelmäßige Anleitungsgespräche (z.B. Feedbackgespräche, Zielerreichungsgespräche, Kritikgespräche) führen
- Bewertung des Praktikums vornehmen

Auch wenn alle pädagogischen Fachkräfte ihre Ausbildung bereits abgeschlossen haben, gehören u.a. regelmäßige Fortbildungen zu einer konstanten Arbeitsqualität. Erläutern Sie also an dieser Stelle, warum die stetige Fort- und Weiterbildung der Mitarbeiter*innen in frühpädagogischen Themenfeldern so wichtig ist und wie sie diese normalerweise organisieren.

7. Zusammenarbeit mit dem Träger und weitere Kooperationen

Wie bereits erwähnt, sollte der Träger der Kindertageseinrichtung in der Konzeption an mehreren Stellen in Erscheinung treten und sichtbar werden. Falls der Träger über ein eigenes Leitbild verfügt, kann dieses hier dargestellt werden und darauf eingegangen werden, was dieses Trägerleitbild für die konkrete Arbeit in der Kita bedeutet. Außerdem werden Sie grundsätzlich mit Ihrem Träger in unterschiedlicher Weise und Häufigkeit zusammenarbeiten. Stellen Sie diese Formen hier dar.

Weitere Kooperationen mit anderen Einrichtungen und Diensten in Ihrem Sozialraum können Sie sehr gut in einer grafischen Darstellung vermitteln. Dafür können Sie beispielsweise die Methode „Mindmapping" verwenden (s. S. 34f.).

8. Abschluss

Um die Konzeptionsschrift sozusagen einzurahmen, sollte es auch einen abschließenden Teil oder ein Nachwort geben. Die Gesamterscheinung wirkt damit „runder". Wer den Abschluss verfassen sollte, müssen Sie mit Ihrem Team überlegen. Vorstellbar sind folgende und sicher auch noch weitere Varianten:

- Der Träger verfasst Vorwort und Abschluss der Konzeption. Er kann sich dann z.B. in einem Nachwort für die aufwendige Arbeit der Konzeptionserarbeitung und ständigen Weiterentwicklung – neben allen anderen anfallenden Aufgaben – bei Team und Leitung bedanken.
- Eltern können den Abschluss verfassen und ein Resümee ziehen, wie sie in die Konzeptionsarbeit einbezogen wurden.
- In manchen Konzeptionen kommen die Kinder am Schluss zu Wort, indem „Kindermund" zitiert wird oder Kinderantworten auf die Frage „Was findet ihr toll in unserer Kita?" festgehalten werden.
- Die Leitung möchte das letzte Wort in der Konzeption übernehmen und den Text damit abschließen.
- Eine Fachberatung oder ein*e Referent*in, der/die das Team in dem Prozess begleitet hat, könnte um ein Nachwort gebeten werden.

3. Motivierende Methoden für die Konzeptionsweiterentwickung

Als Kita-Leitung führen Sie Ihr Team durch den Prozess der Konzeptionsweiterentwicklung. Dafür können Sie auf verschiedene ergebnisorientierte, motivierende und kreative Methoden zurückgreifen. Hier finden Sie eine Auswahl:

Clustering: Sammeln und Sortieren von Inhalten

Das Clustering (Bündeln) wurde Anfang der 1980er-Jahre von der deutschstämmigen Lehrerin Gabriele L. Rico in den USA als Lernmethode entwickelt. Die eigentliche Methode beruht auf der Idee, der Kreativität freien Lauf zu lassen, um Ideen zu entwickeln und Gedanken zu visualisieren. Es geht beim Clustern vor allem um das freie Assoziieren und den Grundsatz, dass alle Gedanken erlaubt sind.

Für die Konzeptionsentwicklung können Sie die Methode nutzen, um alle im Team zum

Mitdenken einzuladen und ihnen die Gelegenheit zu geben, etwas beizutragen. Ein wichtiger Nebeneffekt der Methode ist der, dass sich alle, auch die ruhigen und introvertierten Menschen, an der freien Assoziation beteiligen. Sinnvoll eingesetzt werden kann die Methode dann, wenn Sie eine Menge verschiedener Meinungen, Ideen und Sichtweisen auf ein Thema erwarten. Wenn eine Konzeption ganz neu erstellt werden soll, kann die Frage für das Clustern lauten: „Was soll deiner persönlichen Meinung nach in der Konzeption unbedingt erwähnt werden?“ Bei der Überarbeitung einer bestehenden Konzeption wird sich die Frage auf ein neues oder zu veränderndes Thema fokussieren. Die Fragen könnten dann z. B. lauten: „Was ist für dich am Thema Partizipation unbedingt wichtig?“ oder „Welche positiven Ideen und welche Bedenken hast du, wenn du an das Thema Partizipation von Kindern denkst?“.

Antworten auf Impulsfragen auf Karten notieren

Benötigtes Material für Clustering

Legen Sie folgende Materialien für die Methode Clustering bereit:

- Moderationskarten
- dicke Filzstifte
- Fläche, um die Karten aufzuhängen oder auszulegen
- evtl. Klebeband, um die Karten zu befestigen

Planen Sie, je nach Teamgröße, zwischen 60 und 90 Minuten für diese Methode ein. Die Teilnehmer*innen werden gebeten, zu einer Frage, die deutlich für alle formuliert oder aufgeschrieben wird, in einer Einzelarbeit Antworten auf die Moderationskarten zu notieren.

Hierfür gibt es fünf wichtige Regeln:

1. Auf jede Karte kommt nur eine Antwort.
2. Es wird mit den dicken Filzstiften die ganze Karte beschrieben.
3. Es soll nicht bewertet, sondern frei assoziiert werden.
4. Es wird nicht nach rechts und links geschaut, was die anderen schreiben.
5. Jede Antwort ist richtig.

Lassen Sie Ihren Mitarbeiter*innen ausreichend Zeit zum Nachdenken und Aufschreiben. Dann sammeln Sie die beschrifteten Karten ein und befestigen sie gut sichtbar an einer Wand. Falls Sie keine große Wand zur Verfügung haben, können Sie auch alle Karten auf dem Fußboden auslegen. Fordern Sie alle auf, sich die Karten mit den Ergebnissen anzuschauen. Anschließend kann das eigentliche Clustern beginnen: Alle helfen nun dabei, aus den beschrifteten Moderationskarten Themenkomplexe zu bilden. Was zusammenpasst oder mehrfach benannt wurde, wird zu einem Cluster zusammengeführt. Zum Ende hin bleiben in der Regel einige Karten übrig, die dann in einem konstruktiven Austausch aller Beteiligten einem bestehenden Thema zugeordnet werden. Am besten fragen Sie nach, wer diese Karte beschrieben hat und wo sie nach Meinung dieser Person hingehört.

Gebündelte Themenbereiche diskutieren

Sind dann alle Karten verteilt und sinnvolle Cluster gebildet, kann damit begonnen werden, die Themenbereiche zu diskutieren und Ergebnisse für die Konzeption zu erarbeiten. In einem großen Team können für die verschiedenen Cluster Kleingruppen gebildet werden, die die Ergebnisse besprechen und einen ersten Formulierungsvorschlag für die Konzeption erarbeiten. Bei einem Unterthema, beispielsweise Partizipation, können das pro Kleingruppe nur wenige Sätze sein, die zu diesem Cluster formuliert werden. Die Texte werden dann der Gesamtgruppe vorgestellt und bei Bedarf diskutiert, verändert oder von allen akzeptiert.

In einem kleinen Team kann die Gesamtgruppe genauso verfahren und dann Cluster für Cluster bearbeiten. Durch diese Methode kommen alle Teammitglieder schnell ins Arbeiten und auch die zurückhaltenderen Kolleg*innen haben die Möglichkeit, sich einzubringen. So können strukturiert gute Ergebnisse erarbeitet werden. Das wirkt sich letztlich auch positiv auf die Motivation der Mitarbeiter*innen aus, die Konzeptionsweiterentwicklung voranzutreiben.

Brainwriting

Diese Methode kann angewendet werden, um in relativ kurzer Zeit viele Ideen der Teilnehmenden zu erhalten – unabhängig von der „Rede-Bereitschaft" der Einzelnen. Bekannter ist sicherlich die Methode des Brainstormings, aus der sich das Brainwriting ableitet. Beim Brainstorming ist ein großer Nachteil, dass zumeist nur die Teilnehmenden sich melden und Ideen in den Raum rufen, die ohnehin eher extrovertiert sind und sich oft zu Wort melden. Doch auch die Kolleg*innen, die nicht gerne vor einer Gruppe sprechen, haben gute Ideen und eine eigene Meinung. Das Brainwriting kann dabei helfen, dass möglichst viele oder sogar alle im Team ihre Gedanken einbringen.

Benötigtes Material für Brainwriting

Legen Sie folgende Materialien für das Brainwriting bereit:

- Flipchart und Papier
- Stifte
- Tische zum Arbeiten
- vorbereitete Brainwriting-Bogen in ausreichender Anzahl

Gearbeitet wird in Kleingruppen von jeweils ca. sechs Mitarbeiter*innen. Die Methode benötigt zwischen 30 und 45 Minuten. Vor der Durchführung werden die Brainwriting-Bogen vorbereitet. Jede*r Teilnehmende bekommt einen Bogen, auf dem eine gleichmäßige Tabelle aus drei Spalten und sechs (oder auch mehr bzw. weniger – je nach Größe der Kleingruppen) Zeilen aufgedruckt ist.

Es wird eine Frage oder eine Problemstellung formuliert und am besten auf ein Flipchart-Papier geschrieben, das für alle gut sichtbar ist. Während der Konzeptionsüberarbeitung könnten z. B. folgende Fragen auftauchen und mithilfe der Methode Brainwriting bearbeitet werden:

- Welche Vorteile sehen wir darin, den Kindern mehr Beteiligungsrechte einzuräumen?
- Falls Sie den Eindruck haben, dass dieser Ablauf verändert werden sollte: Was stört uns an der bestehenden Eingewöhnungspraxis?
- Was bedeutet für uns gute Kommunikation?
- Was macht uns zu einem guten Team?

Ein*e Moderator*in gibt nun das Startsignal und bittet alle, in den nächsten fünf Minuten drei Ideen oder Meinungen zu der Frage in je eines der drei Kästchen der obersten Zeile einzutragen. Nach fünf Minuten wird ein Signal gegeben und das Blatt im Uhrzeigersinn weitergereicht. Nun liest jede*r zunächst die Eintragungen, die bereits da sind, lässt sich dadurch eventuell inspirieren. Dann schreibt jedes Teammitglied seine drei Ideen in die drei Kästchen der nächsten Zeile. Dies wird so lange wiederholt, bis alle Kästchen ausgefüllt sind. Bei einer Kleingruppe mit sechs Teilnehmenden werden so auf allen Bogen der Gruppe zusammen 108 Ideen gesammelt. In der Praxis wird es vorkommen, dass jemandem nichts mehr einfällt und dadurch nicht alle Kästchen ausgefüllt sind oder sich Einträge wiederholen. Das stört nicht – die fünf Minuten sollen dennoch jeweils genutzt werden, um beispielsweise über bereits notierte Ideen nachzudenken. Wem nichts einfällt, der lässt Felder eben frei.

Mit dem Ideenpool weiterarbeiten

Es gibt verschiedene Möglichkeiten, im Anschluss über die Ideen und Meinungen ins Gespräch zu kommen:

- Die beschriebenen Zettel werden an eine Wand geheftet und alle haben zunächst einmal 15 bis 20 Minuten Zeit, um alles zu lesen. Danach können Fragen gestellt oder es kann über die Ideen und Meinungen diskutiert werden.
- Die moderierende Person sammelt zunächst alle Zettel ein und versucht eine Übersicht der genannten Ideen und Meinungen zu erstellen, Dopplungen zusammenzufassen und unklare Aussagen zu markieren. Danach wird nicht über alle Aussagen diskutiert, sondern z. B. nur über besonders häufig genannte Aspekte oder außergewöhnliche Beiträge.

Musterbeispiel: Brainwriting zum Thema „Gute Kommunikation"

Thema/Frage: Was bedeutet für uns gute Kommunikation?

ohne Streit	regelmäßige Besprechungen	alle werden gehört
Gesprächsregeln werden eingehalten	ausreden lassen	Respekt
Mit Redegegenstand wie bei Kinderkonferenz?	Zeit für Absprachen!	Informationen werden zuverlässig weitergegeben
Mehr Besprechungszeit im Team nötig!	auch schriftliche Kommunikation: Gruppentagebücher	Montagsbesprechung der Gruppenleitungen
Meinung sagen dürfen!	klar, sachlich, freundlich	Zeit haben dafür!
Wertschätzung	alle 3 Wochen Teamsitzung ist zu wenig	Gesprächsprotokoll anfertigen

- Falls es zum Thema passt, könnten die Teilnehmer*innen im Anschluss auch die wichtigsten Ergebnisse auf Moderationskarten festhalten. Diese werden dann mit Klebepunkten von allen bewertet. So kann schnell eine Entscheidung getroffen werden, beispielsweise welche Formulierung bei der Weiterentwicklung der Kita-Konzeption bei einem bestimmten Themenfeld verwendet werden soll.

Die Methode des Brainwritings muss nicht zwangsläufig genau so übernommen werden. Wichtig ist, dass die Durchführung zum jeweiligen Team passt. Welche Fragen mit der Methode behandelt werden und wie mit den gesammelten Impulsen umgegangen wird, entscheiden Sie als Leitung oder das Team ganz individuell.

Welche Ideen haben Sie, wenn Sie an Teilhabe von Kindern denken?

Assoziationsmethode

Das freie Assoziieren dient dazu, die bei allen Menschen vorhandenen Ansichten, Meinungen, (Vor-)Urteile und Erfahrungen sichtbar zu machen, um darüber ins Gespräch zu kommen. Einige unserer Haltungen oder Vorurteile sind uns selbst nicht immer bewusst. Oftmals kommen diese erst durch ein (gelenktes) Gespräch an die Oberfläche. Gerade in der Konzeptionsweiterentwicklung ist es wichtig, individuellen Standpunkten Raum zu geben, um alle im Boot zu haben.

Benötigtes Material für freies Assoziieren

Legen Sie folgende Materialien für das Assoziieren bereit:

- Flipchart und Papier
- Stifte
- Tische zum Arbeiten

Planen Sie etwa 45 Minuten für diese Methode ein. Als Leitung übernehmen Sie die Moderation für Ihr Team. Geben Sie einen Satzanfang als Impuls vor, der etwas mit dem Thema zu tun hat, das bearbeitet werden soll. In der Überarbeitungsphase der Konzeption könnte der Satz lauten:

- „Wenn ich an Beschwerden denke, dann …"
- „Kinder mit Behinderung sind für mich …"
- „Beim Wort Kinderschutz denke ich an …"

Jede*r im Team macht sich nun zunächst für sich selbst Gedanken zu den jeweiligen Satzanfängen und schreibt auf ein Blatt Papier seine/ihre Assoziationen dazu auf. Die moderierende Person gibt dafür etwa zehn Minuten Zeit. Danach fordert sie alle auf, sich zu zweit zusammenzufinden und sich über die jeweiligen Assoziationen auszutauschen – dafür werden 15 Minuten veranschlagt. Jede Zweiergruppe stellt dann im Gesamtteam ihre wichtigsten Assoziationen vor. Entscheiden Sie als Leitung, ob und wie mit den Ergebnissen weiter umgegangen wird. Es kann manchmal auch sinnvoll sein, die Assoziations-Methode nur anzuwenden, um die Kolleg*innen miteinander ins Gespräch zu bringen. Falls aber bedeutsame Gedanken benannt wurden oder bestimmte Nennungen sehr oft vorkamen, kann es sinnvoll sein, weiter damit zu arbeiten.

Mindmapping

Diese Methode kann sehr gut dabei helfen, Zusammenhänge zu visualisieren. Eine Mindmap ist eine gestaltete „Ideen-Landkarte". Im Zentrum der Mindmap steht ein Begriff, von dem Äste ausgehen, die zu Verzweigungen führen können, um Ideen oder Begriffe weiter zu differenzieren. So können komplexe Zusammenhänge übersichtlich und in einprägsamer Form dargestellt werden. Der Vorteil des Mindmappings für die Konzeptionsarbeit liegt darin, dass manche Zusammenhänge nicht in langen Prosa-Texten aufgeschrieben werden müssen. Eine schön gestaltete Mindmap, die alle Teilnehmer*innen gemeinsam zu einem Thema erarbeitet haben, kann anschließend durchaus abfotografiert und in die Konzeption übernommen werden.

Benötigtes Material für Mindmapping

Folgende Materialien sollten Sie für diese Methode bereitlegen:

- Flipchart und Papier
- dicke Stifte
- Tische zum Arbeiten

Die Methode benötigt ca. 45 Minuten. Themen, die sich gut als Mindmap erarbeiten und anschließend in die Konzeption übernehmen lassen:

- Zusammenarbeit mit dem Träger
- Kooperationen und Netzwerkpartner
- Angebote für Eltern
- Bildungsbereiche mit den Bedeutungen für Ihre Kita
- Das Spiel der Kinder

Mindmap zum Thema Inklusion (Beispiel)

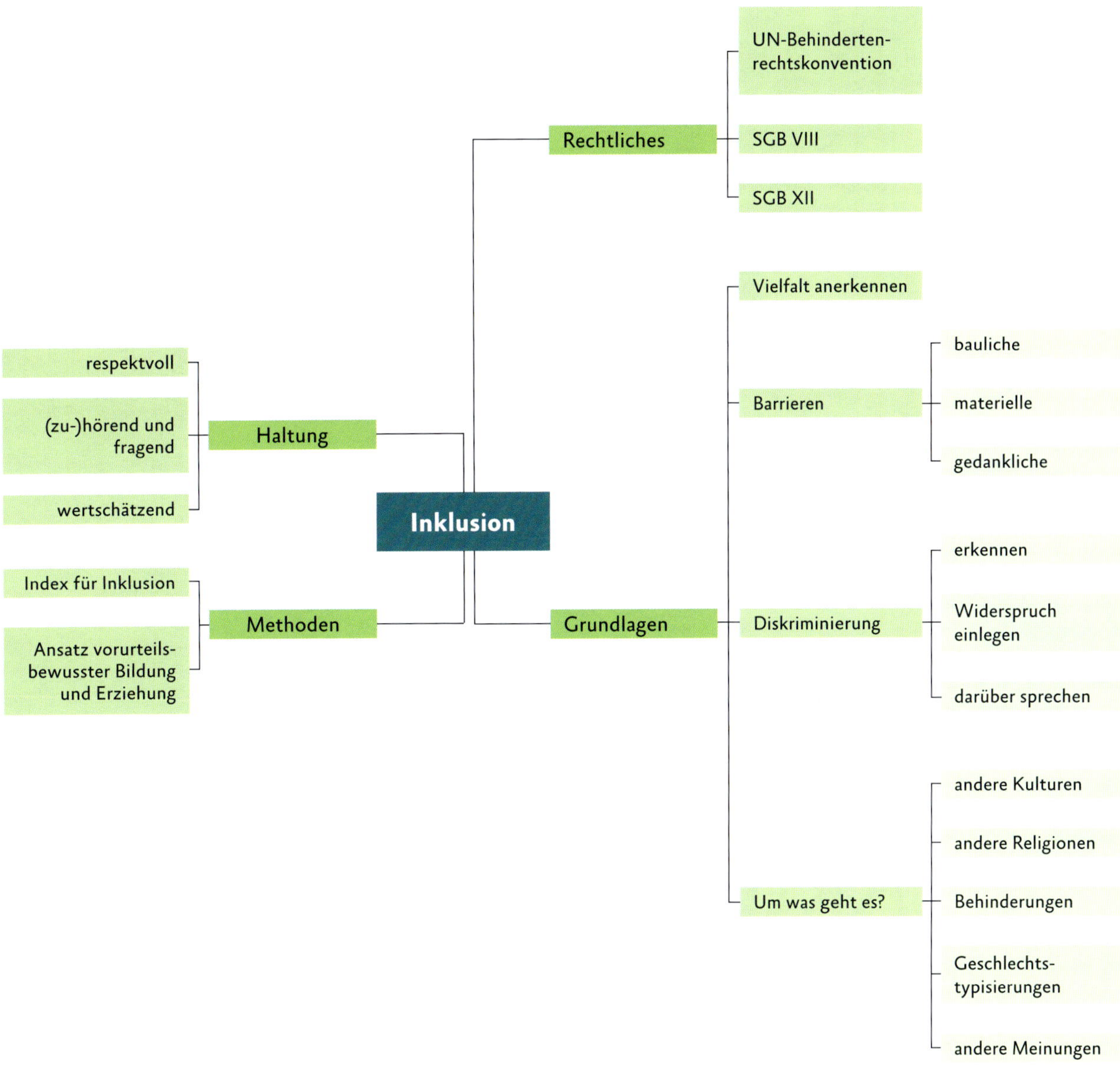

Jemand aus dem Team mit schöner Schrift oder Begabung fürs Zeichnen schreibt den zentralen Begriff, um den es gehen soll, in die Mitte eines Flipchart-Papiers. Zu diesem Oberbegriff werden dann gemeinsam zunächst auf einem gesonderten Papier weitere Begriffe gesucht (Substantive, Verben und Adjektive), die zentrale Aspekte kennzeichnen. Dann werden von dem Oberbegriff ausgehend Äste in die Mindmap eingezeichnet. An jeden Ast wird einer der gesammelten Begriffe notiert. Die einzelnen Äste können anschließend durch Konkretisierungen weiter ausdifferenziert werden.

IV. Aktuelle Themen für eine weiterentwickelte Konzeption

Themen wie Inklusion, Kinderrechte und Partizipation in Kitas haben in den vergangenen Jahren – verdientermaßen – viel Aufmerksamkeit bekommen und sollten in einer aktuellen Kita-Konzeption auf keinen Fall fehlen. Überprüfen Sie Ihre Konzeption also unbedingt hinsichtlich dieser Inhalte und passen Sie den Text bei Bedarf entsprechend an.

Wichtig hierbei ist es, die Themen in der Kita-Konzeption nicht nur theoretisch aufzugreifen, sondern auch deutlich zu machen, wie Sie und Ihr Team diese Themen in der Praxis umsetzen. Wenn ich als „fremde" Person die Konzeption lese, dann möchte ich verstehen, was Inklusion oder Partizipation für diese spezielle Kita bedeutet, wie die Fachkräfte, Kinder und Familien mit den Themen umgehen. Versäumen Sie es also nicht, die Themen mit Ihrem individuellen Stempel zu versehen.

1. Themenbereich Inklusion

Das Thema Inklusion wurde und wird in fast allen Kindertageseinrichtungen diskutiert. Der Begriff „Inklusion" kann definiert werden als die Anerkennung und Wertschätzung von vielfältigem und unterschiedlichem Miteinander von Menschen. Der Inklusionsgedanke hat durch die UN-Behindertenrechtskonvention, die 2009 in Deutschland in Kraft getreten ist, stark an Aufmerksamkeit gewonnen. Allerdings wäre es zu kurz gegriffen, bei der Inklusion nur an Menschen mit Behinderungen zu denken. Denn es geht um mehr: um Diversität, also Vielfältigkeit im Allgemeinen, und um einen vorurteilsbewussten und Teilhabe ermöglichenden Umgang mit allen Menschen, die in der Kita ein und aus gehen.

In fast jeder Kindertageseinrichtung finden wir heute eine bunte Vielfalt an Familien, Kindern und Mitarbeiter*innen. Ob die Kinder eine andere Muttersprache als Deutsch haben, einer Religion angehören, die manchen weniger vertraut ist, oder ob ihre Familie sich aus bis zu 15 Mitgliedern zusammensetzt – die Facetten der besonderen Bedingungen sind unendlich. Und gerade das ist mit Inklusion gemeint: diesen Facettenreichtum anzuerkennen, wertzuschätzen und es allen Menschen in der Kita so leicht wie nur möglich zu machen, sich beteiligen zu können.

Literaturtipp

Gewerkschaft Erziehung und Wissenschaft (Hrsg.) (2016): Index für Inklusion in Kindertageseinrichtungen – Gemeinsam leben, spielen und lernen. Frankfurt a. M.

Institut für den Situationsansatz/Fachstelle Kinderwelten (Hrsg.) (2016): Inklusion in der Kitapraxis – Band 1–5. Berlin: Wamiki.

Wagner, P. (Hrsg.) (2013): Handbuch Inklusion – Grundlagen vorurteilsbewusster Bildung und Erziehung. Freiburg: Herder.

Weltzien, D./Albers, T. (Hrsg.) (2017): Vielfalt und Inklusion. kindergarten heute – wissen kompakt. Freiburg: Herder.

Teilhabe schafft Wohlergehen

Wir wissen aus Wissenschaft und Forschung heute sehr genau, dass Kinder dann am besten lernen können und sich am wohlsten fühlen, wenn sie sich (mit ihrer Familie) zugehörig fühlen und sich beteiligen können.

Wenn es uns in der Kita gelingt, alle Menschen willkommen zu heißen, deren Unterschiedlichkeit als Bereicherung wahrzunehmen und uns darum zu bemühen, niemanden aus Gründen des Andersseins von Angeboten oder Möglichkeiten auszuschließen, dann haben wir in Bezug auf Inklusion schon viel erreicht. Im Alltag wird sich in einer Kita an der vorherrschenden Haltung den Kindern und Erwachsenen gegenüber zeigen, ob Inklusion gelingt oder nicht. Allerdings zeigt sich eine gelingende Inklusion in der Kita auch in der Vielfältigkeit im Spielmaterial, den Bilderbüchern, der Gestaltung von Räumen oder Wänden und vielem mehr.

Warum das Thema für die Arbeit in Kindertageseinrichtungen eine so große Bedeutung hat, können die folgenden Zahlen des Bildungsberichts 2018 der Autorengruppe Bildungsberichterstattung und der Bertelsmann-Studie „Aufwachsen in Armutslagen" belegen:

- 28% der Kinder in Kitas hatten 2017 einen Migrationshintergrund.

Beispiel: grafische Darstellung der Wichtigkeit von Zugehörigkeit und Beteiligung

Kinder lernen am besten, wenn sie **engagiert** bei der Sache sind.

Engagiertheit ist gebunden an **Wohlergehen**.

Wohlergehen erfordert **Zugehörigkeit** und **Beteiligung**.

Zugehörigkeit	**Beteiligung**
Kinder erkennen sich und ihre Familien wieder	Kinder sind eingeladen, diesen Lernort aktiv mitzugestalten und nach ihren Lerninteressen und ihrem Lerntempo zu nutzen

(vgl. Wagner 2013)

- Von diesen 28% sprechen 65% in ihrer Familie nicht vorrangig die deutsche Sprache.
- 2,5% aller Kinder in der Kindertagesbetreuung erhielten 2017 Eingliederungshilfe, wurden also als Kinder mit Behinderung oder von Behinderung bedroht erkannt (vgl. Autorengruppe Bildungsberichterstattung 2018).
- 21,1% der Kinder in Deutschland leben in dauerhaften oder wiederkehrenden Armutslagen (vgl. Tophoven/Lietzmann/Reiter/Wenzig 2018).

Literatur- und Materialtipp

Spielmaterial und Bilderbücher, die Stereotype vermeiden und das Wahrnehmen von Vielfältigkeit erleichtern

Budde, N. (2013): Und außerdem sind Borsten schön! Wuppertal: Peter Hammer Verlag.

In schönen Reimen und lustigen Bildern wird hier erzählt, wer sich alles gerne irgendwie anders hätte und wie unterschiedlich doch alle sind. Und die Moral von der Geschicht: Wie du bist, so bist du richtig!

Azun, S./Döring, V./Projekt Kinderwelten INA gGmbH (2010): Das Familienspiel. Kiliansroda: Verlag das Netz.

In diesem Spiel werden auf 36 Memory-Karten jeweils einmal ein einzelnes Kind und dann das Kind mit seiner Familie gezeigt. Da die hier abgebildeten Kinder und ihre Familien höchst unterschiedlich aussehen, regt es dazu an, unser manchmal traditionelles Bild von Familie zu überdenken. Das Spiel zeigt den Kindern, dass es viele Formen von Familien gibt, die alle genau richtig sein können, und bietet darüber hinaus viele Gesprächsanlässe über Unterschiedlichkeit.

Malstifte in unterschiedlichen Hauttönen

Mittlerweile sind von verschiedenen Herstellern Malstifte erhältlich, die es Kindern ermöglichen, für ihre Bilder eine passendere Farbe für ihre eigene Haut oder die Haut eines anderen Menschen zu finden. In manchen Buntstift-Sortimenten gibt es in „Hautfarbe“ nur einen Stift und dieser ist oft eher rosa. Dies entspricht aber nicht der Realität. Die Hautfarben von Menschen sind höchst vielfältig! Mit Stiften in unterschiedlichen Hauttönen können Sie Kindern gestalterische Vielfalt ermöglichen und anregende Gespräche initiieren.

Wenn in einer Kita also diese Faktoren bekannt sind und das Team sich dafür einsetzen möchte, dass keine Kinder, keine Familien und auch keine Mitarbeiter*innen in der Kita Ausgrenzung und Vorurteile erleben, dann sollte in der Konzeption zu lesen sein, was die theoretische Grundlage dafür ist und vor allem wie die Umsetzung des Themas in der Praxis aussieht.

„Inklusion“ für Kita-Konzeption erarbeiten

Wenn Sie für Ihre Konzeptionsweiterentwicklung das Thema Inklusion neu erarbeiten oder überarbeiten möchten, sollten Sie zunächst mit Ihrem Team individuelle Haltungen und Einstellungen dem Anderssein gegenüber thematisieren. Dazu eignen sich verschiedene Reflexionsfragen zur eigenen Sozialisation, zu Ausgrenzungserfahrungen und zu den Auswirkungen auf die pädagogische Arbeit (s. Kasten S. 39). Hierzu werden Notizen gemacht. Im zweiten Schritt bitten Sie das Team in Kleingruppen oder in der gesamten Gruppe – abhängig davon, wie groß, wie vertraut und wie offen Ihr Team ist – sich darüber auszutauschen. Im Plenum tauschen Sie sich schließlich über die Erkenntnisse und erlebten Gefühle bei dieser Übung aus. Sie können nach diesem Austausch auf einem großen Papierbogen festhalten, welche Bedeutung die Auseinandersetzung mit dem Thema für die Arbeit mit den Kindern und deren Familien haben könnte.

Nach der persönlichen Auseinandersetzung mit dem Thema Inklusion werden konkrete Aspekte dazu für die Kita-Konzeption formuliert. Dazu könnten Sie folgende Methode anwenden: Die Kolleginnen und Kollegen tauschen sich in Kleingruppen mit max. vier Teilnehmer*innen über folgende Aussagen für die Konzeption aus und schreiben auf, wie sie diese Haltungen/Herangehensweisen im Alltag praktisch umsetzen könnten:

- Wir bemühen uns, allen Kindern in der Kita die Beteiligung an Angeboten oder Projekten zu ermöglichen.
- Wir grenzen keine Kinder deswegen aus, weil wir bereits bestimmte Erfahrungen mit ihnen gemacht haben.
- Wir regen die Kinder dazu an, sich zu vergleichen, und sprechen mit ihnen über die Unterschiede, die sie dabei finden.
- Wir regen die Kinder durch vielfältige Spielmaterialien und Bücher, die zeigen, wie unterschiedlich Kinder und deren Familien aussehen und handeln können, zum Austausch an.
- Wir sprechen mit den Kindern über Gefühle und wie wir diese den anderen zeigen und damit umgehen können.
- Wir sprechen Konflikte offen an und suchen gemeinsam nach Lösungen. Die Erwachsenen tun dies untereinander und leben es den Kindern vor.
- Wenn wir Ausgrenzung und Diskriminierung erleben, sprechen wir sie an und suchen nach alternativen Handlungsmöglichkeiten.
- Wir versetzen uns in die Lage der Eltern und versuchen deren Handeln und auch Nicht-Handeln zu verstehen.
- Wir machen den Eltern die Beteiligung an der Kita-Arbeit so leicht wie möglich und respektieren dabei kulturelle oder religiöse Unterschiede.

Reflexionsfragen zum Thema Inklusion

- Welche Erfahrungen habe ich als Kind mit Ausgrenzung und Vorurteilen gemacht? Wie habe ich mich dabei gefühlt?
- Welche Erfahrungen habe ich als Kind mit Privilegien und Bevorzugung gemacht? Wie habe ich mich dabei gefühlt?
- Habe ich bestimmte Werte und Haltungen aus meiner Familie übernommen, weil ich sie so erlernt habe?
- Welchen Einfluss könnten meine Erfahrungen auf meine Arbeit, den Umgang mit den Kindern und deren Familien haben?
- Bin ich bereit, meine eigene Meinung und meine Verhaltensweisen kritisch zu hinterfragen?
- Bin ich bereit, diese Erkenntnisse auch in meinem Team zu kommunizieren?
- Trage ich zu einer Atmosphäre in meinem Team bei, in der unterschiedliche Erfahrungen und Haltungen, Kompetenzen und Vorstellungen zum Ausdruck gebracht werden können?

Diese Auswahl an Aussagen kann nur eine Anregung sein. Sie ist jederzeit erweiter- oder kürzbar. Passen Sie die Aussagen gerne Ihrem eigenen Bedarf und Ihrer Situation an.
Im Plenum können Sie sich nun über die konkreten Ideen zur Umsetzung austauschen und gemeinsam entscheiden, welche Ideen zu Ihnen passen und welche Sie für umsetzbar halten. Diese können dann in der Konzeption entsprechend erläutert werden.

Überprüfen Sie: Wie barrierefrei ist der Kita-Eingangsbereich?

Formulierungsbeispiel „Inklusion“ für die Kita-Konzeption

In unserer Kindertagesstätte verstehen wir unter Inklusion das Ziel, das es zu erreichen gilt: Alle Kinder und Erwachsenen in der Kita werden in ihrer Vielfalt und Unterschiedlichkeit akzeptiert und als Bereicherung für das Zusammenleben wahrgenommen. Das bedeutet konkret, dass wir das Recht aller Kinder auf Bildung und Teilhabe ernst nehmen, unabhängig von Unterschieden in Religion, Herkunft, ethnischer Zugehörigkeit, Geschlecht, besonderen Talenten oder Einschränkungen, sozioökonomischer Lage und weiteren individuellen Merkmalen.

Wir möchten den Kindern vermitteln, dass eine vielfältige Umgebung anregend, interessant und spannend sein kann. Wenn Ängste vor Fremdartigem auftauchen, dann sprechen wir darüber und finden heraus, warum etwas Angst macht. Offenheit und Toleranz sind für uns wichtige Grundpfeiler für die pädagogische Arbeit.
Wir bemühen uns, dies im Alltag umzusetzen, indem wir unter anderem

- Kinder und Erwachsene auf Ungerechtigkeiten oder Vorurteile hinweisen und darüber sprechen,
- die unterschiedlichen Bedürfnisse der Kinder wahrnehmen und diese als Ausgangspunkt für deren Lernen und Förderung betrachten,
- die Vielfalt in den Gruppen, in denen die Kinder sich aufhalten, thematisieren und auch bildlich deutlich machen,
- Spielmaterial, Bücher und die Raumgestaltung immer wieder daraufhin überprüfen, ob sie dabei unterstützen, Vorurteile abzubauen, Vielfalt zeigen und zu einer kritischen Auseinandersetzung anregen,
- vorhandene Barrieren für die Teilhabe, die wir für Erwachsene und Kinder erkennen, abzubauen versuchen.

2. Themenbereich Kinderrechte

Am 20. November 1989 wurde das Übereinkommen über die Rechte der Kinder von den Vereinten Nationen beschlossen. In diesen Absprachen wurden die Rechte der Kinder und Jugendlichen im Völkerrecht verankert. Das bedeutet, dass die beteiligten Staaten sich darüber verständigt haben, dass bestimmte Rechte für Kinder und Jugendliche überall auf der Welt gelten sollen. Der Vertrag, dem fast alle Staaten der Welt beigetreten sind, heißt Kinderrechtskonvention. Die Rechte für Kinder beinhalten beispielsweise:

- gleiche Rechte für alle Kinder
- Recht auf Fürsorge, allgemein und z. B. bei Trennung der Eltern oder Adoption
- private Rechte wie Privatsphäre oder das Recht auf Sport, Spiel und Ruhe
- öffentliche Rechte, z. B. das Recht auf Bildung, Glaube, Meinung und Information
- Schutz vor Ausbeutung und Gewalt mit Fokus auf Kinderarbeit, sexuelle Gewalt, Misshandlung durch Eltern, hinsichtlich Krieg, Flucht, Drogen und Straftaten

In Deutschland gilt die UN-Kinderrechtskonvention seit dem 05. April 1992. Deutschland hat sich mit der Zustimmung zur UN-Kinderrechtskonvention nicht nur dazu verpflichtet, diese Kinderrechte umsetzen zu wollen und sich dafür einzusetzen. Es wurde auch die Verpflichtung übernommen, dafür zu sorgen, dass diese Kinderrechte möglichst überall bekannt werden. Dazu muss regelmäßig über den Erfolg und die Schwierigkeiten bei der Umsetzung der Kinderrechte Bericht erstattet werden.

Literaturtipp

Bundesministerium für Familie, Senioren, Frauen und Jugend (Hrsg.) (2017): Die Rechte der Kinder – von logo! einfach erklärt. Berlin.

AWO Ostwestfalen-Lippe e. V. (Hrsg.) (2018): Wir kennen unsere Rechte. Kinderrechte in der Kita umsetzen. kindergarten heute – praxis kompakt. Freiburg: Herder.

Kittel, C. (2017): Kinderrechte kinderleicht. Arbeitsmaterialien für die Kita zum Thema Kinderrechte. Berlin: Deutsches Kinderhilfswerk e. V.

Maywald, J. (2016): Kinderrechte in der Kita. Kinder schützen, fördern, beteiligen. Freiburg: Herder.

Bedeutung von Kinderrechten für Kitas

Für Kinder in der Kita ist es von Bedeutung, dass sie ihre Rechte kennenlernen und Unterstützung von Erwachsenen dabei bekommen, diese Rechte auch – entwicklungsangemessen – anwenden zu können. Um die Kinderrechte besser einordnen zu können, ist es sinnvoll, die vier wesentlichen Prinzipien des Kinderrechtsansatzes zu beleuchten:

- Prinzip der Universalität: Alle Kinder haben die gleichen Rechte!
- Prinzip der Unteilbarkeit: Alle Rechte sind gleich wichtig und untrennbar miteinander verbunden!
- Prinzip der Kinder als Träger ihrer Rechte: Kinder sind selbst die Inhaber ihrer eigenen Rechte!
- Prinzip der Verantwortungsträger: Familie, Gesellschaft und Politik tragen die Verantwortung für die Verwirklichung der Kinderrechte!

(vgl. Maywald 2016)

Die UN-Kinderrechtskonvention gilt weltweit

Ein Kita-Team, das sich mit den Kinderrechten auseinandersetzt, diese kennt oder kennenlernt und umsetzen möchte, trifft damit eine wichtige Entscheidung für ein gesundes und starkes Aufwachsen der Kinder. Kinder, die in ihren Rechten bestärkt und dabei unterstützt werden, diese auch im Alltag anzuwenden, sind besser geschützte Kinder. Wer seine Rechte kennt, lässt sich nicht so schnell einschüchtern oder beeinflussen.

Kinder lernen dadurch, dass sie eigenverantwortlich handeln können, erleben sich als selbstwirksam, werden gemeinschaftsfähiger und selbstständiger. Das Zusammenleben in der Kita kann durchaus zufriedener und entspannter werden, wenn es einen respektvollen und zuhörenden Umgang miteinander gibt. Kinder erleben, dass sie ernst genommen werden, und fühlen sich in der Kita wohler. Genügend Gründe also, neben der rechtlichen Verpflichtung, um die Kinderrechte in die Konzeption mit aufzunehmen.

„Kinderrechte" für Kita-Konzeption erarbeiten

Damit Fachkräfte in der Lage sind, Kinderrechte den Kindern – und auch den Eltern – gegenüber zu vertreten und diese mit ihnen zu besprechen, müssen sie zunächst einmal bekannt sein und verstanden werden. Es kann also in einem Team die erste Aufgabe sein, sich mit den Inhalten der UN-Kinderrechtskonvention zu beschäftigen. Dazu gibt es vielfältige Materialien, die z. B. auch online hier zu finden sind:

- Webseite Deutscher Kinderschutzbund Bundesverband e. V. zu Kinderechten: www.kinder-haben-rechte.org
- Webseite Deutsches Kinderhilfswerk e. V.: Für Kinder: www.kindersache.de Für Erwachsene: www.dkhw.de (Rubrik Schwerpunkte – Kinderrechte)
- Webseite Bundesministerium für Familie, Senioren, Frauen und Jugend: www.bmfsfj.de (Rubrik Themen – Kinder und Jugend – Kinderrechte)

Nachdem die Kinderrechte allen pädagogischen Fachkräften bekannt sind und sich alle damit beschäftigt haben, wird erarbeitet, was diese für den Kita-Alltag bedeuten. Anschließend findet das Team gemeinsam passende Formulierungen für die Kita-Konzeption.

Reflexionsfragen zum Thema Kinderrechte

- Bei welchen Gelegenheiten sehen wir Möglichkeiten, die Rechte der Kinder zu thematisieren? Mit den Eltern und mit den Kindern?
- Welche der Kinderrechte haben direkt mit der Kita-Arbeit zu tun?
- Welche nur indirekt oder gar nicht?
- Für welche Rechte fühlen wir uns in der Kita verantwortlich?
- Bei der Umsetzung welcher Rechte sehen wir im Rahmen der Kita-Arbeit Einflussmöglichkeiten?

Formulierungsbeispiel „Kinderrechte" für die Kita-Konzeption – z. B. als Unterpunkt zu „Werte und Ziele der pädagogischen Arbeit"

Wir betrachten Kinder als eigenständige Menschen, denen wir respektvoll und wertschätzend gegenübertreten. Auch aus diesem Grund haben die Kinderrechte, so wie sie in der UN-Kinderrechtskonvention für Deutschland seit 1989 festgeschrieben sind, für uns eine hohe Bedeutung.

Die vier wesentlichen Prinzipien sind:
- das Recht auf Nicht-Diskriminierung: Artikel 2
- der Vorrang des Kindeswohls: Artikel 3
- das Recht auf Leben und bestmögliche Entwicklung: Artikel 6
- die Berücksichtigung des Kinderwillens: Artikel 12

Wir möchten, dass Kinder erfahren, dass sie Rechte haben. Sie sollen ihre Rechte kennen und dabei unterstützt werden zu lernen, wie sie Recht bekommen können, und auch die Rechte der anderen Kinder und Erwachsenen zu respektieren.
Im Alltag bedeutet das in unserer Kita z. B., dass wir
- mit den Kindern einzelne Rechte immer wieder einmal thematisieren und ihre Erfahrungen und Fragen dazu besprechen,
- die Kinder darin unterstützen, sich gegen einen Eingriff in ihre Rechte, egal ob von anderen Kindern oder Erwachsenen, verbal und/oder mit Gesten zu wehren,
- einen wertschätzenden und respektvollen Umgang mit allen Menschen in der Kita pflegen,
- mit den Kindern Themen wie Unrecht oder Ungerechtigkeit ansprechen,
- als Erwachsene unsere Vorbildfunktion kennen und uns auch an demokratische Spielregeln halten.

Das Thema Kinderrechte lässt sich in der Konzeption entweder in einem eigenen Kapitel darstellen oder aber im Rahmen anderer Themen, z. B. in einem Kapitel über das Bild vom Kind. Hier passt es gut, denn: Wenn die Rechte von Kindern einem Kita-Team bekannt sind und von ihm ernst genommen werden, herrscht wohl ohnehin ein wertschätzender, respektierender und partizipierender Umgang mit den Kindern vor.

3. Themenbereich Partizipation und Beschwerderechte für Kinder

Schon durch die UN-Kinderrechtskonvention wird die Berücksichtigung des Kindeswillens deutlich festgeschrieben: „Die Vertragsstaaten sichern dem Kind, das fähig ist, sich eine eigene Meinung zu bilden, das Recht zu, diese Meinung in allen das Kind berührenden Angelegenheiten frei zu äußern, und berücksichtigen die Meinung des Kindes angemessen und entsprechend seinem Alter und seiner Reife" (UN-Kinderrechtskonvention Artikel 2 Abs. 1).

Aber auch in anderen bundesdeutschen und landesspezifischen Gesetzen und Regelungen wird das Recht von Kindern auf Mitbestimmung und Beschwerde in persönlichen Angelegenheiten klar benannt. Im Sozialgesetzbuch VIII heißt es dazu: „Eine Erlaubnis ist zu erteilen, wenn das Wohl der Kinder und Jugendlichen in der Einrichtung gewährleistet ist. Dies ist in der Regel anzunehmen, wenn (...) zur Sicherung der Rechte von Kindern und Jugendlichen in der Einrichtung geeignete Verfahren der Beteiligung sowie der Möglichkeit der Beschwerde in persönlichen Angelegenheiten Anwendung finden" (SGB VIII §45 Abs. 2).

Die einzelnen Bundesländer haben ihrerseits in den Kindertagesstätten-Gesetzen und den Bildungs- und Erziehungsplänen mehr oder weniger deutlich geregelt, wie Kinder in Kitas zu beteiligen sind und ein Beschwerderecht für Kinder etabliert werden soll. Somit sind die Themen Partizipation und Mitbestimmung von Kindern in der Kita ein gesetzlicher Auftrag.

Wirkung und Umsetzung des Partizipationsgedankens

Um Kinder in angemessener Art und Weise, also an ihrem individuellen Entwicklungsstand orientiert, an Entscheidungen zu beteiligen und ihre Meinung einzubeziehen, ist es vor allem wichtig, mit ihnen eine gute Kommunikation zu pflegen. In einem offenen, ehrlichen Dialog mit Kindern zu sein, bedeutet eigentlich immer auch, dass ich die Ideen, Gedanken und Gefühle von diesen Kindern kenne und ernst nehme. Hier spielt übrigens nicht nur die verbale Kommunikation eine wichtige Rolle – gerade im Zusammensein mit sehr jungen Kindern oder solchen, die die deutsche Sprache noch nicht gut oder gar nicht beherrschen, ist die nonverbale Kommunikation eine wichtige Komponente des Dialogs.

Durch eine frühe Beteiligung von Kindern werden sie darin unterstützt, ihre Bedürfnisse überhaupt wahrzunehmen. Sie erlernen die

Fähigkeit, sich in andere Personen hineinzuversetzen, und können Zutrauen zu sich selbst entwickeln, dass sie auch schwierige Situationen meistern können. Und sie erleben, dass sie sich Hilfe und Unterstützung bei anderen suchen und dann gemeinsam Lösungen für Probleme finden können. Praktisch kann Mitbestimmung von Kindern in der Kita beispielsweise in Projekten angeboten werden. Projekte sind immer auf einen festgelegten Zeitraum begrenzt und erlauben daher Kindern wie Erwachsenen, mehr Erfahrungen mit Partizipation zu sammeln, ohne sich sofort zu regelmäßigen Abläufen und Verfahren zu verpflichten. An einem Projekt sind nicht immer alle Fachkräfte beteiligt – diejenigen in einem Team, die eher zögernd an das Thema herangehen, können ein solches Projekt zunächst einmal beobachten und durch die Erfahrungen der anderen lernen. Klassische Themen für ein Beteiligungsprojekt sind z.B.:

- Ein Raum in der Kita soll umgestaltet werden und die Kinder werden von Beginn an in die Überlegungen mit einbezogen.
- Der Gruppen- oder Funktionsraum ist für die Kinder nicht mehr optimal eingerichtet. Die Kinder können zunächst befragt werden, wie zufrieden sie mit dem Material und der Aufteilung im Raum sind, um dann gemeinsam neue Ideen zu entwickeln.
- Eine Spende für die Kita soll ausgegeben werden. Kinder und Fachkräfte überlegen gemeinsam, was mit dem Geld angeschafft werden soll.

Regelmäßige Angebote zur Mitbestimmung für Kinder werden häufig in Form von Kinderkonferenzen oder Kinderparlamenten durchgeführt. Kinderkonferenzen finden regelmäßig statt und die Kinder haben dort die Möglichkeit über Themen, die sie bewegen und beschäftigen, zu sprechen oder sich zu beschweren, wenn sie unzufrieden sind. Es können auch Abstimmungen in der Kinderkonferenz erfolgen. Kinderparlamente, die in manchen Kitas auch „Kinderrat" oder „Hoher Rat" heißen, sind demokratisch ins Amt berufene Gremien, die feste und klar definierte Aufgaben, Handlungs- und Entscheidungsspielräume haben. Diese Kinder (meist zwei pro Gruppe) werden in ihren Gruppen als Delegierte gewählt und sollen lernen, im Parlament die Meinung für ihre ganze Gruppe zu vertreten.

„Partizipation und Beschwerderechte" für Kita-Konzeption erarbeiten

Wenn Sie als Team die Themen Partizipation und Beschwerderechte neu in Ihre Konzeption aufnehmen möchten, sollten Sie sich damit zunächst einmal selbst auseinandersetzen. Denn eines steht fest: Wenn Erwachsene Kindern mehr Recht auf Mitbestimmung und Selbstbestimmung einräumen, müssen sie eigene Macht aufgeben. Manchmal müssen dazu lang eingespielte Rituale, Abläufe und Haltungen hinterfragt werden. Diese Reflexionsarbeit braucht Zeit, Raum und Offenheit im Team. Scheinbar einfachen Fragen, z. B. ob Kinder selbst entscheiden dürfen und können, ob sie überhaupt, was und wie viel sie essen möchten, muss Raum gegeben werden. Hilfreich für die Auseinandersetzung sind auch hier persönliche Reflexionsfragen. Eine mehrtägige Team-Fortbildung zu dem Thema wird aber in einigen Fällen die bessere Entscheidung sein, da hier der Raum für die Beschäftigung mit dem Thema tatsächlich vorhanden ist.

Wie und wo entscheiden Kinder mit?

Besprechen Sie diese Fragen in Kleingruppen und versuchen Sie herauszufinden, warum die Haltung im Team zu diesen Fragen eine wichtige Rolle für die Partizipation der Kinder spielt. Überlegen Sie gemeinsam, in welchen Alltagssituationen die Kinder sich bereits beteiligen können und wie Sie diese Partizipationsgelegenheiten noch erweitern könnten. Gehen Sie dazu verschiedene Alltagssituationen gemeinsam durch:

1. Essen und Trinken

Dürfen die Kinder entscheiden, ob sie überhaupt etwas essen, wie viel sie essen, was sie essen, wie sie essen und an welchem Ort?

Literaturtipp

Hansen, R./Knauer, R. (2013): Beschweren erwünscht! Wie Kindertageseinrichtungen Beschwerdeverfahren für Kinder umsetzen können. In: TPS, 9/2013, S. 40–43 und 10/2013, S. 44–47.

Hansen, R./Knauer, R./Sturzenhecker, B. (2011): Partizipation in Kindertageseinrichtungen. So gelingt Demokratiebildung mit Kindern! Kiliansroda: Verlag das Netz.

Regner, M./Schubert-Suffrian F. (2014): Beschwerdeverfahren für Kinder. kindergarten heute – praxis kompakt. Freiburg: Herder.

Regner, M./Schubert-Suffrian F. (2015): Partizipation in Kita und Krippe. kindergarten heute – praxis kompakt. Freiburg: Herder.

Reflexionsfragen zum Thema Partizipation und Beschwerderechte

- Kann ich meine eigenen Gefühle, Bedürfnisse, Gedanken und Anliegen erkennen und diese den anderen auch vermitteln?
- Bin ich bereit, mich z. B. in Teamsitzungen anderen zu zeigen, indem ich meine Bedürfnisse ausspreche?
- Bin ich bereit und in der Lage dazu, mich in andere hineinzuversetzen?
- Kann ich meine Anliegen mit anderen aushandeln, wenn diese zunächst nicht meiner Meinung sind? Suche ich nach guten Argumenten?
- Kann ich es gut aushalten, wenn ich mich mit meiner Meinung nicht durchsetze?
- Kann ich mit Ungewissheiten umgehen, da ich nicht immer alles planen kann, wenn ich nicht allein entscheide?
- Fühle ich mich dennoch mitverantwortlich für das Ergebnis, auch wenn die Entscheidung, die getroffen wurde, nicht meine war?

2. Schlafen und Ruhen
Dürfen die Kinder allein entscheiden oder mitentscheiden, ob sie überhaupt noch schlafen, ob sie nur ruhen, wie lange sie schlafen oder ruhen, wo sie sich ausruhen und schlafen und wie diese Orte gestaltet sind?

3. Pflegesituationen
Dürfen die Kinder, die noch Windeln tragen, entscheiden, wer eine Windel wann und im Stehen oder Liegen wechselt?

4. Bewegung
Können Kinder Bewegung ausleben, wenn sie diese brauchen, oder nur, wenn zufällig gerade „Turnstunde" ist? Können sie mitentscheiden, ob an einem Morgen alle Kinder rausgehen oder nicht?

5. Regeln für die Kinder
Werden die Kinder an der Aufstellung neuer und der Überprüfung bestehender Regeln beteiligt? Wird darauf geachtet, dass es möglichst wenige und einfache Regeln für das Zusammenleben gibt? Wird immer wieder einmal über bestehende Regeln und deren Sinnhaftigkeit und Umsetzbarkeit diskutiert?

Eine Beschwerdekultur einführen
Sich über wahrgenommene Missstände beschweren zu dürfen, ist untrennbar mit gelebter Partizipation verbunden. Um den Kindern ihr Recht auf Beschwerden in persönlichen Angelegenheiten so einfach wie möglich zu machen, müssen die Fachkräfte verbale wie nonverbale Beschwerden zunächst wahrnehmen. Die nonverbalen Beschwerden sind nicht immer ganz so leicht zu erkennen, können aber wichtige Hinweise auf das Wohlbefinden der Kinder geben.

1. Verbale Beschwerden können sein:
- „Das finde ich doof!"
- „Ich will aber nicht!"
- „Das ist ungerecht!"
- „Nein."
- „Diese Regel finden wir schlecht."

2. Nonverbale Beschwerden können sein:
- weinen
- sich wegdrehen
- explizit nicht in die Augen schauen
- mit dem Fuß auf den Boden stampfen
- auf eine Aufforderung nicht reagieren
- Ein Spielangebot, z. B. die Bauecke, wird seit Wochen von den Kindern nicht genutzt. Das könnte ein Hinweis darauf sein, dass das angebotene Material (zumindest derzeit) nicht interessant für die Kinder ist.
- Die Kinder sind in bestimmten Situationen im Tagesverlauf besonders unruhig. Das könnte ein Hinweis darauf sein, dass diese Situation nicht ideal verläuft und die Fachkräfte den Ablauf neu überdenken sollten.

Wenn solche Beschwerden wahr- und ernst genommen werden, ist schon ein großer Schritt gemacht. In einzelnen Gesprächen mit Kindern oder auch in Gesprächskreisen mit Kindergruppen kann regelmäßig die Frage gestellt werden: „Was findet ihr toll hier in der Kita und was nicht so gut?" Auch wenn Kinder erleben, dass die Fachkräfte selbst mit Äußerungen von Unzufriedenheit oder Beschwerden (von Eltern oder Kolleginnen und Kollegen) positiv umgehen, werden sie einen unbefangenen Umgang damit erlernen können.

Auch nonverbale Beschwerden ernst nehmen

Formulierungsbeispiel „Partizipation und Beschwerderechte" für die Kita-Konzeption

Kinder in unserer Kita werden an Entscheidungen im Alltag, die sie selbst oder das Leben in der Gruppe betreffen, je nach ihrem Entwicklungsstand beteiligt. Sie dürfen sich über Ungerechtigkeiten oder unerwünschte Regelungen und Handlungen beschweren und werden dazu immer wieder gezielt aufgefordert.

Wir sind nicht nur gesetzlich dazu verpflichtet, Kinder zu beteiligen, sondern erkennen auch den Wert für deren gesunde Entwicklung an. Kinder, deren Meinung ernst genommen wird, können daraus lernen, dass

- ihre Meinung wichtig ist und diese auch zu Konsequenzen führen kann,
- es besser ist, sich einzubringen und seine Meinung zu äußern,
- sie Rechte haben, diese kennen und einfordern können,
- sie dadurch besser geschützt sind,
- sie stark sind und wertgeschätzt werden.

In unserem Kita-Alltag erleben die Kinder in vielen Situationen, dass sie nach ihrer Meinung gefragt werden und mitentscheiden dürfen. Die Kinder können beispielsweise den Speiseplan mitgestalten. Sie dürfen im Freispiel einige Stunden am Tag selbst bestimmen, in welchem Raum oder mit welchem Material und welchen anderen Kindern sie sich beschäftigen. Sie werden gefragt, wer von den Erwachsenen ihnen bei etwas helfen soll, und sie suchen ein Thema für das nächste Projekt mit aus.

Wir bieten den Kindern allerdings auch besondere Formen der Mitsprache an, z. B. in der wöchentlich stattfindenden Kinderkonferenz. Hier werden aktuelle Themen der Kinder oder Erwachsenen besprochen und gemeinsam Entscheidungen getroffen, z. B. wohin der nächste Ausflug der Kita gehen soll. Auch wenn die Kinder mit Entscheidungen oder Regeln nicht einverstanden sind, werden diese Beschwerden in der Kinderkonferenz thematisiert. Bei größeren Veränderungen in der Kita, z. B. einer Umgestaltung eines Raumes oder der Anschaffung von neuen Fahrgeräten für draußen, bestimmen die Kinder mit.

Die Beschwerden der Kinder geben uns immer wieder Hinweise auf deren Wünsche und Meinungen und wir nehmen sie sehr ernst. Hier bitten wir auch die Eltern um Mithilfe: Wenn Kinder sich lieber zu Hause über etwas in der Kita beschweren, ist es wichtig, sie zu ermuntern, dies auch in der Kita/in der Gruppe (gerne auch zusammen mit den Eltern) zu sagen. Nur so kann das Kind lernen, dass Beschwerden in Ordnung sind und sich dadurch Veränderungen/Verbesserungen ergeben können. Wir selbst befragen die Kinder in Gesprächen regelmäßig nach ihrer Zufriedenheit und haben eine Beschwerde-Stunde eingerichtet: Immer Dienstag von 10:00 bis 11:00 Uhr sitzt eine pädagogische Fachkraft im Flur und ist nur für Beschwerden ansprechbar.

Partizipation bedeutet nach unserem Verständnis nicht, dass Kinder alles selbst entscheiden oder allein die Verantwortung für ihre Entscheidungen übernehmen müssen. Wir, die Fachkräfte der Kita, übernehmen trotz aller Mitentscheidungsmöglichkeiten der Kinder weiterhin die Aufsichtspflicht und Fürsorgepflicht während des Aufenthalts in der Kita. Wir haben auch weiterhin einen Bildungsauftrag und muten den Kindern manchmal Themen zu, die wir für elementar halten. Wir sind und fühlen uns verantwortlich und nehmen dies auch ernst.

Dazu eine Erinnerung an den polnischen Pädagogen Janusz Korczak, der bereits in den 1920er-Jahren im Hinblick auf die Themen Partizipation und Beschwerderechte für Kinder eine wichtige Rolle spielte: „Janusz Korczak hat zu diesem Zweck gezielt pädagogische Situationen hergestellt, in denen er selbst vor dem Kindergericht des Kinderheimes angeklagt wurde. Durch die öffentlichen Verhandlungen über das Fehlverhalten des Heimleiters Korczak und die anschließende ‚Verurteilung' (die Aussage: das Verhalten war falsch) erfuhren die Kinder, dass auch Erwachsene fehlbar sind und Kinder von ihnen Rechenschaft verlangen können" (Hanser/ Knauer 2013, S. 46).

4. Themenbereich Schutzkonzept der Kita

Das Bundeskinderschutzgesetz von 2012 beschreibt, dass Konzepte zum Schutz von Kindern in Kindertageseinrichtungen Bestandteil der Qualitätsentwicklung sein sollen. Träger, die eine Betriebserlaubnis beantragen, müssen ein solches Schutzkonzept nachweisen. Damit gehört die Erarbeitung eines Schutzkonzepts zu den konzeptionellen Aufgaben der Kita, die mit dem Träger gemeinsam umgesetzt werden sollte. Ich würde nicht dazu raten, ein Schutzkonzept in aller Ausführlichkeit in die Konzeption der Kita aufzunehmen, da viele Eltern, die diese lesen, damit überfordert sein könnten. In der Konzeption sollte zu lesen sein, dass für die Kita ein Schutzkonzept erarbeitet wurde und dieses – bei Interesse – gerne nachzulesen ist. Eltern kann das Thema in Veranstaltungen, bei denen sie die Möglichkeit haben, Rückfragen zu stellen und in persönliche Gespräche zu gehen, näher vermittelt werden.

Risiken abwägen für mehr Sicherheit für Kinder

Schutzkonzept einführen und für die Kita-Konzeption erarbeiten

Um ein Schutzkonzept in der Kita zu etablieren, wird empfohlen, zunächst eine Risikoanalyse durchzuführen. Diese Analyse soll alle Mitarbeiter*innen dafür sensibilisieren, dass es im pädagogischen Alltag Gefahrenpotenziale und Gelegenheitsstrukturen geben kann. Bereits in dieser frühen Phase der Erarbeitung sollten alle Teammitglieder eingebunden werden, um eine möglichst objektive Bestandsaufnahme zu erhalten. Aufgrund dieser Bestandsaufnahme können dann Maßnahmen zur Prävention und Intervention im Schutzkonzept beschrieben werden.

Schutzkonzepte bauen sich in aller Regel ähnlich auf. Diese Inhalte sind üblicherweise Bestandteil:

1. Einleitung des Trägers/Leitbild
2. Ergebnisse der Risikoanalyse/Verhaltenskodex
3. Grenzüberschreitendes Verhalten im Kita-Alltag
4. Personalauswahl und Fortbildungen
5. Sexualpädagogisches Konzept
6. Beteiligungsstrukturen und Beschwerdeverfahren des Trägers
7. Präventive Maßnahmen
8. Falls es doch passiert – Interventionen
9. Anlagen

Mögliche Fragen für die Risikoanalyse

1. Macht und Machtmissbrauch

- Wie werden Machtverhältnisse zwischen Mitarbeiter*innen und Kindern thematisiert?
- Welche Alltagssituationen erleben Sie – bezogen auf Machtmissbrauch an Kindern – als besonders risikohaft?
- Wie reflektieren und bewerten Sie diese Risikosituationen?
- Wie gehen Sie mit diesen Situationen um?
- Welche Möglichkeiten der Unterstützung haben die Mitarbeiter*innen in der Kita für selbstreflexive Prozesse?

2. Grenzüberschreitungen

- Wie führen Sie einen regelmäßigen fachlichen Austausch im Team zu Themen wie Nähe und Distanz, Grenzsetzungen, Privatsphäre, Körperkontakt?
- Wie reflektieren Sie, wie Kinder und Mitarbeiter*innen auf Körperkontakt reagieren, von wem er ausgeht, wer ihn als angemessen oder unangemessen erlebt oder beschreibt?
- Wie gehen Sie mit ungewöhnlichen Wünschen nach Nähe und Distanz von Kindern um?
- Welche Vorstellungen und Konzepte zur Sexualerziehung gibt es in Ihrer Kita?

Literaturtipp

Oppermann, C. et al. (Hrsg.) (2018): Lehrbuch Schutzkonzepte in pädagogischen Organisationen. Weinheim: Beltz Juventa.
www.kein-raum-fuer-missbrauch.de/schutzkonzepte/kita

3. Beteiligung und Umgang mit Beschwerden

- Welche Verfahren der Beteiligung gibt es für Kinder in Ihrer Kita?
- Wie informieren Sie die Kinder regelmäßig über deren Rechte?
- Wie gewährleisten Sie die Umsetzung dieser Rechte?
- Wie werden Kinder im Alltag eingebunden und beteiligt?
- Wie informieren Sie Eltern über die Haltung im Team und die vereinbarten Maßnahmen und Verfahren zum Kinderschutz?
- Wissen alle in der Kita, an wen sie sich wenden können, wenn sie Wünsche, Kritik oder den Verdacht auf grenzüberschreitendes Verhalten haben?
- Wie gehen Sie mit Hinweisen durch außenstehende Personen bezogen auf Machtmissbrauch um?

4. Einstellung und Gewinnung neuer Mitarbeiter*innen

- Sind die Regelungen aus §72a SGB VIII „Tätigkeitsausschluss einschlägig vorbestrafter Personen" allen bekannt und werden sie umgesetzt?
- Wie werden die Themen Kinderschutz und Haltung bereits in Vorstellungsgesprächen angesprochen?
- Wie kommen Sie zu einer Einschätzung darüber, ob die Haltung von Berwerber*innen zu Ihnen passt?
- Werden allen Mitarbeiter*innen Zeit und Möglichkeit zur Fortbildung in diesen Themenfeldern angeboten?

5. Gewalt unter Kindern

- Wie erleben Sie den Kontakt der Kinder in der Kita untereinander? Reflektieren Sie diesen regelmäßig?
- Wie reflektieren Sie, wie Kinder auf Körperkontakt untereinander reagieren, von wem er ausgeht, wer ihn als angemessen oder unangemessen erlebt oder beschreibt?
- Wie kommunizieren Sie mit den Kindern über Situationen, die Sie als Risikosituationen für Grenzverletzungen oder Übergriffe erlebt haben?

6. Aufklärung und Aufarbeitung von Verdachtsmomenten/Intervention

- Ist allen klar, dass es den Verdacht auf Übergriffe durch Mitarbeiter*innen, durch Kinder und durch Außenstehende geben kann?
- Wie wird mit Verdachtsmomenten umgegangen?
- Welche Verfahren sind bei Ihnen zur Aufklärung, Aufarbeitung und ggf. zur Rehabilitation vorgesehen?
- Wie und von wem werden diese Abläufe dokumentiert?
- Wer spricht mit wem wann darüber?

(vgl. Der Paritätische Wohlfahrtsverband Hamburg e.V. 2014)

Sie können an diesen Fragen erkennen, dass deren Beantwortung bereits zum größten Teil die Inhalte des Schutzkonzepts ausmachen wird. Die Inhalte lassen erahnen, dass es für manche Fachkräfte eine Herausforderung sein kann, sich damit auseinanderzusetzen. Daher ist eine gute Einbindung des Trägers und eine fachliche Unterstützung des Teams sehr zu empfehlen. Neben dem Ziel des Schutzes von Kindern vor Missbrauch und Gewalt in Einrichtungen bewirkt das Formulieren eines Schutzkonzepts auch, dass Mitarbeiter*innen in den Einrichtungen Handlungssicherheit bekommen und die Reflexion über den Umgang mit Kindern und grenzüberschreitende Situationen im Kita-Alltag eingeleitet wird.

Formulierungsbeispiel „Schutzkonzept der Kita" für die Kita-Konzeption

Das Bundeskinderschutzgesetz verpflichtet Einrichtungen der Kinder- und Jugendhilfe – und damit auch Kindertageseinrichtungen – dazu, ein Konzept zum Schutz von Kindern nachzuweisen. In diesem Rahmen haben auch wir 2017 gemeinsam mit unserem Träger ein Schutzkonzept erarbeitet und an einem Elternabend vorgestellt. Dieses Konzept wird regelmäßig alle drei Jahre auf seine Aktualität hin überprüft und bei Bedarf auch angepasst.

Bei der Erarbeitung eines Schutzkonzepts haben wir als Team zunächst mit dem Träger eine Risikoanalyse erstellt. In dieser haben wir überlegt, welchen Risiken Kinder in unserer Kita begegnen könnten. Im nächsten Schritt haben wir verabredet, was zu tun ist, wenn Kinder selbst, Eltern oder Mitarbeiter*innen den Eindruck haben, dass etwas vorgefallen sein könnte, was für das Wohl des Kindes nicht zuträglich ist. Es geht in unserem Schutzkonzept also um Prävention und Vermeidung. Und um Handlungssicherheit für den Fall, dass eine solche Situation eintritt. Für alle Mitarbeiter*innen im Team war diese Erarbeitung eine Herausforderung – der wir uns aber gestellt haben und deren Sinn wir erkennen.

Wenn Sie unser Schutzkonzept lesen möchten, sprechen Sie die Leitung der Kita gerne an. Uns gibt das Schutzkonzept das gute Gefühl, alles für die Sicherheit der Kinder getan zu haben.

Literatur

Autorengruppe Bildungsberichterstattung (2018): Bildung in Deutschland 2018 – Ein indikatorengestützter Bericht mit einer Analyse zu Wirkungen und Erträgen von Bildung. https://www.bildungsbericht.de/de/bildungsberichte-seit-2006/bildungsbericht-2018/pdf-bildungsbericht-2018/bildungsbericht-2018.pdf (letzter Zugriff: 11.04.2019).

AWO Ostwestfalen-Lippe e.V. (Hrsg.) (2018): Wir kennen unsere Rechte. Kinderrechte in der Kita umsetzen. kindergarten heute – praxis kompakt. Freiburg: Herder.

Budde, N. (2013): Und außerdem sind Borsten schön! Wuppertal: Peter Hammer Verlag.

Bundesministerium für Familie, Senioren, Frauen und Jugend (Hrsg.) (2017): Die Rechte der Kinder – von logo! einfach erklärt. Berlin.

Der Paritätische Wohlfahrtsverband Hamburg e.V. (2014): Arbeitshilfe Kinderschutz in Einrichtungen. Hamburg.

Deutsches Jugendinstitut/Weiterbildungsinitiative Frühpädagogische Fachkräfte (Hrsg.) (2017): Bildungsteilhabe und Partizipation. Grundlagen für die kompetenzorientierte Weiterbildung. WiFF Wegweiser Weiterbildung, Band 12. München.

Gewerkschaft Erziehung und Wissenschaft (Hrsg.) (2016): Index für Inklusion in Kindertageseinrichtungen – Gemeinsam leben, spielen und lernen. Frankfurt a.M.

Hansen, R./Knauer, R. (2013): Beschweren erwünscht! Wie Kindertageseinrichtungen Beschwerdeverfahren für Kinder umsetzen können. In: TPS, 9/2013, S. 40–43 und 10/2013, S. 44–47.

Hansen, R./Knauer, R./Sturzenhecker, B. (2011): Partizipation in Kindertageseinrichtungen. So gelingt Demokratiebildung mit Kindern! Kiliansroda: Verlag das Netz.

Institut für den Situationsansatz/Fachstelle Kinderwelten (Hrsg.) (2016): Inklusion in der Kitapraxis – Band 1–5. Berlin: Wamiki.

Kittel, C. (2017): Kinderrechte kinderleicht. Arbeitsmaterialien für die Kita zum Thema Kinderrechte. Berlin: Deutsches Kinderhilfswerk e.V.

Krenz, A. (2001): Kinder spielen sich ins Leben – Der Zusammenhang von Spiel- und Schulfähigkeit. www.kindergartenpaedagogik.de/fachartikel/freispiel-spiele/418 (letzter Zugriff: 25.03.2019).

Maywald, J. (2016): Kinderrechte in der Kita. Kinder schützen, fördern, beteiligen. Freiburg: Herder.

Oppermann, C. et al. (Hrsg.) (2018): Lehrbuch Schutzkonzepte in pädagogischen Organisationen. Weinheim: Beltz Juventa.

Regner, M./Schubert-Suffrian F. (2014): Beschwerdeverfahren für Kinder. kindergarten heute – praxis kompakt. Freiburg: Herder.

Regner, M./Schubert-Suffrian F. (2015): Partizipation in Kita und Krippe. kindergarten heute – praxis kompakt. Freiburg: Herder.

Tophoven, S./Lietzmann, T./Reiter, S./Wenzig, C. (2018): Aufwachsen in Armutslagen. Zentrale Einflussfaktoren und Folgen für die soziale Teilhabe. Bertelsmann Stiftung. https://www.bertelsmann-stiftung.de/de/publikationen/publikation/did/aufwachsen-in-armutslagen/ (letzter Zugriff: 11.04.2019).

Wagner, P. (Hrsg.) (2013): Handbuch Inklusion – Grundlagen vorurteilsbewusster Bildung und Erziehung. Freiburg: Herder.

Weltzien, D./Albers, T. (Hrsg.) (2017): Vielfalt und Inklusion. kindergarten heute – wissen kompakt. Freiburg: Herder.

Weiterbildungsinitiative Frühpädagogische Fachkräfte (o.J.): Kompetent für Inklusion! www.weiterbildungsinitiative.de/themen/inklusion-in-kitas/hintergrundartikel-inklusion/ (letzter Zugriff: 25.03.2019).

Impressum

leiten kompakt: Die Konzeption überarbeiten und weiterentwickeln ist ein Sonderheft von kindergarten heute – Das Fachmagazin für Frühpädagogik

Redaktion
Silke Dittmar (verantw.)
Tel. 0761 / 2717-209
E-Mail: dittmar@herder.de

Petra Bartoli y Eckert
Tel. 0761 / 2717-322
E-Mail: redaktion@kindergarten-heute.de

Anschrift der Redaktion
Hermann-Herder-Str. 4
79104 Freiburg
Tel.: 0761 / 2717-322
E-Mail: redaktion@kindergarten-heute.de
www.kindergarten-heute.de

Verlag

www.herder.de

Bildnachweis
Titelfoto: contrastwerkstatt/stock.adobe.com
Fotos S. 3, 5, 8, 15, 16, 19, 31, 34: Heidi Velten, Leutkirch
Fotos stock.adobe.com: S. 1 © SimpLine, S. 4, 10 unten, 21, 24 © strichfiguren.de, S. 6 © bluedesign, S. 7 © photocrew, S. 9 © Marco2811, S. 11 © LittleGallery, S. 23 © Pixelheld, S. 25 © Monkey Business, S. 26 © dmitrimaruta, S. 29 © Zerbor, S. 36 © Rawpixel.com, S. 38 © Robert Kneschke, S. 39 © annanahabed, S. 41 © Natallia Vintsik, S. 43 © Laluna, S. 44 © velazquez, S. 46 © textune
Fotos pixabay.com: S. 10 oben © Studio32, S. 13 © Alexas_Fotos, S. 18 © LisaRedfern, S. 28 © ElisaRiva

Layout, Satz und digitale Bearbeitung
rsrdesign, Wiesbaden, www.rsrdesign.de

Druck
Medienhaus Plump GmbH, Rheinbreitbach

Leserservice
Verlag Herder GmbH
Hermann-Herder-Str. 4
79104 Freiburg
Tel.: 0761 / 2717-379 oder 0761 / 2717-244
Fax: 0761 / 2717-249
E-Mail: kundenservice@herder.de

Gedruckt auf chlorfrei gebleichtem Papier

Printed in Germany

Titelnummer 785
ISBN Print: 978-3-451-00785-9
ISBN E-Book (PDF) 978-3-451-81509-6